1-❶ 미리 보는
초등 수학 교과서

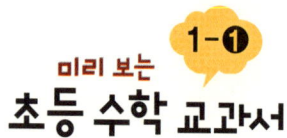

미리 보는 **초등 수학 교과서** 1-❶

1판 1쇄 2013년 1월 10일
1판 2쇄 2014년 2월 3일

지은이 김혜임, 유세희, 이재영
그린이 차은실
펴낸이 조영진
기획편집 김은경
편집디자인 김민정, 이미영

펴낸곳 고래가숨쉬는도서관
출판등록 제406-2012-000082호
주소 경기도 파주시 문발로 115, 302호(문발동, 세종출판벤처타운)
전화 031-944-9680 팩스 031-945-9680
홈페이지 www.goraebook.com

* 값은 뒤표지에 적혀 있습니다.
* 잘못 만든 책은 구입하신 서점에서 바꾸어 드립니다.
* 책의 내용과 그림은 저자나 출판사의 서면 동의 없이 마음대로 쓸 수 없습니다.

ISBN 978-89-97165-11-7 64410
ISBN 978-89-97165-10-0 64410(세트)

이 도서의 국립중앙도서관 출판시도서목록(CIP)은 e-CIP홈페이지(http://www.nl.go.kr/ecip)와
국가자료공동목록시스템(http://www.nl.go.kr/kolisnet)에서 이용하실 수 있습니다. (CIP제어번호: CIP2012006044)

1-①

미리 보는
초등 수학 교과서

김혜임·유세희·이재영 글 | 차은실 그림

이야기와 함께 하는 재미있는 수학

할머니 할아버지의 재미있는 옛날 이야기는 언제 들어도 재미있고 자꾸만 듣고 싶어집니다. 재미있는 이야기를 듣거나 읽다 보면 우리도 모르게 이야기에 빠져들어 집중하게 됩니다. 그리고 이야기의 재미와 감동을 느끼면서 우리는 이야기를 오래도록 기억하게 됩니다.

그런데 가끔씩 지루하고 어렵게만 느껴지는 수학 공부도 재미있는 이야기를 읽듯이 공부할 수 있다면 저절로 수학 실력이 쑥쑥 크지 않을까요?

2009 개정 교육 과정에 따른 새 수학 교과서에서는 스토리텔링 형식으로 수학을 공부합니다. 그래서 2009 개정 교육 과정에 따른 새 수학 교과서에 맞추어 스토리텔링 형식으로 더욱 재미있고 쉽게 수학을 공부할 수 있도록 구성한 것이 바로 '미리 보는 초등 수학 교과서'입니다.

이 책은 재미있는 수학 이야기를 통해 학생들이 수학을 더 친근하게 느낄 수 있고, 우리 주변 생활 속 소재를 활용하여 수학을 실제로 경험할 수 있도록 하였습니다. 더불어 다양한 수학 활동들을 통해 학생들이 효과적으로 수학적 개념을 형성할 수 있도록 도와주고 있습니다. 또한 어렵게만 느껴지는 수학적 개념을 다시 한 번 정리하여 열린 사고와 창의적인 사고로 수학을 즐길 수 있도록 하였습니다.

따라서 수학을 공부하기보다는 자연스럽게 수학책을 읽어 나가면서 수학을 이해하고 수학적 사고력을 길러 학생들 스스로 수학 교과를 학습해 나갈 수 있는 자기 주도적 학습에 초점을 맞추고 있습니다.

'미리 보는 초등 수학 교과서'는 수학 이야기책으로서의 역할과 동시에 수학 교과의 선행 학습에도 효과를 얻을 수 있는 학습서로서의 역할까지 기대할 수 있습니다. 또한 학생들은 미리 수학 교과를 경험할 수 있는 효과적인 예습 시간을 가질 수 있으며 이로써 수학의 자신감을 더욱 키워 나갈 수 있을 것입니다. 그래서 초등학교 학생들이 새 학기 수학 수업을 준비할 때 반드시 읽어 볼 수 있도록 추천하고 싶은 책입니다.

수학을 정말 잘하는 사람은 계산을 잘하거나 공식을 많이 외우고 있는 사람이 아닙니다. 수학을 정말 좋아하고 즐기는 사람입니다. 여러분 모두 이 책을 통해서 수학을 조금 더 좋아하고 즐기면서 즐겁게 공부할 수 있기를 기대해 봅니다.

2013년 1월에

김혜임, 유세희, 이재영(수학을 사랑하는 선생님들의 모임)

이 책의 구성과 특징

📘 이 책의 특징

- 2013년 새 교과서의 내용을 충실히 반영했습니다.
- 학생들의 학습의 욕구와 흥미를 돋우는 스토리텔링 방식으로 학습할 수 있게 설계했습니다.
- 학교 현장에서 공부하는 교과서의 구성에 따라 만들었습니다.
- 교과서의 구성에 맞게 교과서의 흐름을 미리 살펴볼 수 있도록 하였습니다.
- 캐릭터들의 친절한 설명을 통해 자연스럽게 개념을 익힐 수 있도록 하였습니다.
- 창의 수학과 쏙쏙 코너를 통해 학생들의 창의성과 인성을 길러 주도록 배려했습니다.
- 학생들이 자기 스스로 학습 활동을 해 보며 자기 주도 학습이 가능하도록 구성했습니다.

📘 이 책의 구성

교과서 따라하기

이 책은 교과서 단원의 순서에 맞게 이루어져 있으며 각 단원은 3~9차시로 구성되어 있습니다. 각 차시별 내용 구성을 살펴볼까요?

생각열기 는 2009 개정 교육 과정에 따른 새 수학 교과서에서 많이 강조하고 있는 스토리텔링으로 재미있는 이야기를 통하여 문제 상황을 제시하여 학생들이 이 단원에 공부할 내용이 어떤 내용과 관련이 있는지 알게 합니다.

활동 은 선생님과 함께 수업 시간에 배우는 내용을 교과서의 순서에 맞게 활동으로 만들었습니다. 단순히 책을 읽기만 하는 것이 아니라 그려도 보고 써 보기도 하며 학생들이 스스로 개념을 익혀 나갑니다.

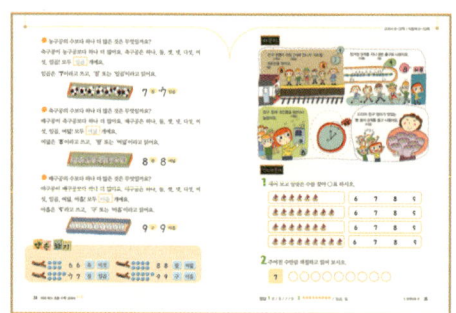

약속하기 약속하기는 각 교과서 차시에서 꼭 알아야 할 개념을 간단하게 정리합니다. 따라서 책을 읽을 때 각 장에서 가장 중요한 부분이므로 여러 번 읽어 개념을 이해하도록 하는 것이 좋습니다.

마무리 는 각 차시의 내용을 정리하여 만화로 담고 있습니다. 각 차시에서 배운 내용들을 짧은 만화로 구성하여 아이들이 쉽고 재미있게 이해할 수 있도록 합니다.
학습에 필요한 보충 설명이나 개념등을 자연스럽게 익혀 학습을 흥미 있게 유도할 수 있고 친근함을 느낄 수 있도록 합니다.

캐릭터 학습에 필요한 보충 설명이나 개념 등을 자연스럽게 익혀 학습을 흥미 있게 유도할 수 있고 친근감을 느낄 수 있도록 합니다.

쏙쏙 은 단원에서 중요한 내용을 쏙쏙 뽑아 정리한 것이므로, 꼭 알고 넘어갈 수 있도록 한 번 더 살펴보도록 합니다.

창의수학! 은 차시의 주제와 관련된 내용에 대해 다양한 아이디어를 알아보고 사고할 수 있도록 제시합니다.

익히기 문제 는 차시에서 배운 내용을 문제로 풀어 보며 기본 개념을 다시 확인하도록 합니다.

문제를 풀어 봅시다

각 단원에서 중요한 개념들을 잘 이해하였는지 살펴보기 위한 문제들로 구성이 되어 있습니다. 문제를 통해 배운 개념을 충분히 익혀서 기본을 다지는 것이 좋습니다.

교과서 밖 수학

교과서 각 단원에 따라 문제 해결, 체험 마당, 놀이 마당, 이야기 마당으로 구성되어 있습니다. 각 단원에 가장 적합한 2가지 유형으로 구성하여 지식이 아닌 실생활에 도움이 되게 학습하며 생활 속에서 수학을 느껴 봅니다.

문제해결 단원에서 배운 내용을 좀더 다양하고 깊이 있게 공부해 봅니다. 주어진 문제 상황을 잘 살펴본 후 문제를 해결해 보도록 합니다.

체험마당 각 단원의 내용을 소재로 하여 실생활에서 직접 학생들이 체험해 볼 수 있는 내용으로 제시되어 있습니다. 체험 마당을 살펴볼 때에는 단원의 중요 개념을 살펴본 후 직접 체험해 보는 것이 좋습니다.

이야기마당 학생들이 단원의 주요 개념을 이야기를 읽어 나가면서 학습할 수 있도록 하고, 수학 이야기를 읽으며 다양한 수학적 사고력 향상에 도움이 되도록 합니다.

놀이마당 놀이를 하면서 학습 효과를 높이기 위해 제시하였으며 주로 학생 혼자보다는 2명이서 할 수 있는 내용들로 구성하였습니다. 수학 공부를 쉽고 재미있게 하고 싶다면 부모님이나 친구와 함께 짝이 되어 직접 해 봅니다.

{ 차례 }

1 9까지의 수 ······ 10
교과서 따라하기 ······ 12
문제를 풀어 봅시다 ······ 48
교과서 밖 수학 ······ 50

2 여러 가지 모양 ······ 52
교과서 따라하기 ······ 54
문제를 풀어 봅시다 ······ 68
교과서 밖 수학 ······ 70

3 덧셈과 뺄셈 ······ 74
교과서 따라하기 ······ 76
문제를 풀어 봅시다 ······ 112
교과서 밖 수학 ······ 114

4 비교하기 116
　교과서 따라하기 118
　문제를 풀어 봅시다 138
　교과서 밖 수학 140

5 50까지의 수 142
　교과서 따라하기 144
　문제를 풀어 봅시다 170
　교과서 밖 수학 172

정답　174

19까지의 수

- 셀 수 있어요
- 1, 2, 3, 4, 5를 알 수 있어요
- 수의 순서를 알 수 있어요
- 하나 더 많은 것과 하나 더 적은 것을 알 수 있어요
- 0을 알 수 있어요
- 6, 7, 8, 9를 알 수 있어요
- 9까지의 수의 순서를 알 수 있어요
- 1 큰 수와 1 작은 수를 알 수 있어요
- 두 수의 크기를 비교할 수 있어요

피노키오가 드디어 학교에 입학을 했어요.
선생님께서는 피노키오에게 모둠별 준비물을 가져가라고 말씀하셨어요.
그런데 피노키오는 숫자를 잘 읽지 못해요.
피노키오가 개수를 세어 준비물을 바구니에 담으려고 해요.
개수에 맞게 잘 담을 수 있을까요?

셀 수 있어요

생각열기 피노키오가 바구니에 모둠별 준비물을 가져오려면 개수를 올바르게 세어야 해요. 그런데 피노키오는 수를 잘 세지 못해요. 피노키오처럼 수를 몰랐던 옛날 사람들은 물건이 몇 개인지 어떻게 셀 수 있었을까요?

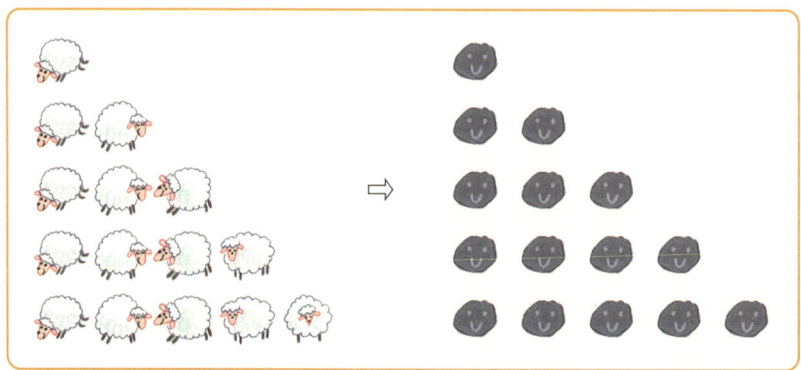

물건의 개수만큼 돌멩이를 모아 두었지요. 예전에는 돌멩이로 하나씩 짝을 지어서 나타내는 방법이 있었어요.

또 손가락이나 발가락 등 신체를 이용하여 개수를 세기도 했고, 돌멩이나 신체 대신에 금을 그어 표시하기도 했어요.

물건의 개수는 하나, 둘, 셋, 넷, 다섯, 여섯, 일곱, 여덟, 아홉…… 이렇게 셀 수 있어요.

활동 1 피노키오가 개수 세는 것을 잘할 수 있게 교실에 있는 물건의 개수를 세어 볼까요?

😀 칠판에 있는 자석의 수를 세어 볼까요?

😀 칠판 지우개는 몇 개인지, 분필은 몇 개 있는지 세어 볼까요?

😀 공기놀이를 하는 친구들은 몇 명인지, 몇 개의 공깃돌이 있는지 세어 볼까요?

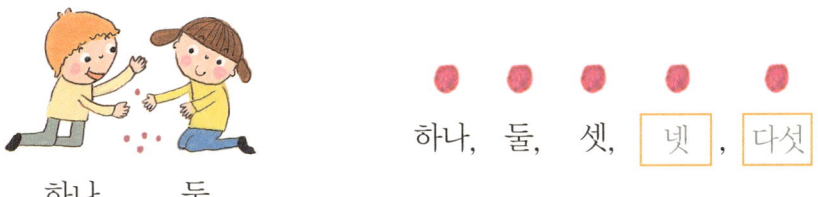

1. 9까지의 수　13

활동 2 피노키오 반 교실에 있는 다른 물건도 세어 보려고 해요.

🗨️ 창가에 있는 화분의 개수를 세어 볼까요?

하나, 둘, 셋, 넷, 다섯, 여섯

🗨️ 화분 받침의 수를 세어 볼까요?

하나, 둘, 셋, 넷, 다섯, 여섯, 일곱

🗨️ 책꽂이에는 책이 몇 권 있을까요?

하나, 둘, 셋, 넷, 다섯, 여섯, 일곱, 여덟

🗨️ 칠판에 칭찬 스티커도 있어요. 몇 개나 붙어 있나요?

하나, 둘, 셋, 넷, 다섯, 여섯, 일곱, 여덟, 아홉

우리 주변에 있는 다른 물건들의 개수도 이와 같이 세어 보면 개수가 같은 것끼리 모을 수 있어요.

마무리

익히기 문제

1 그림을 보고 개수만큼 색칠하시오.

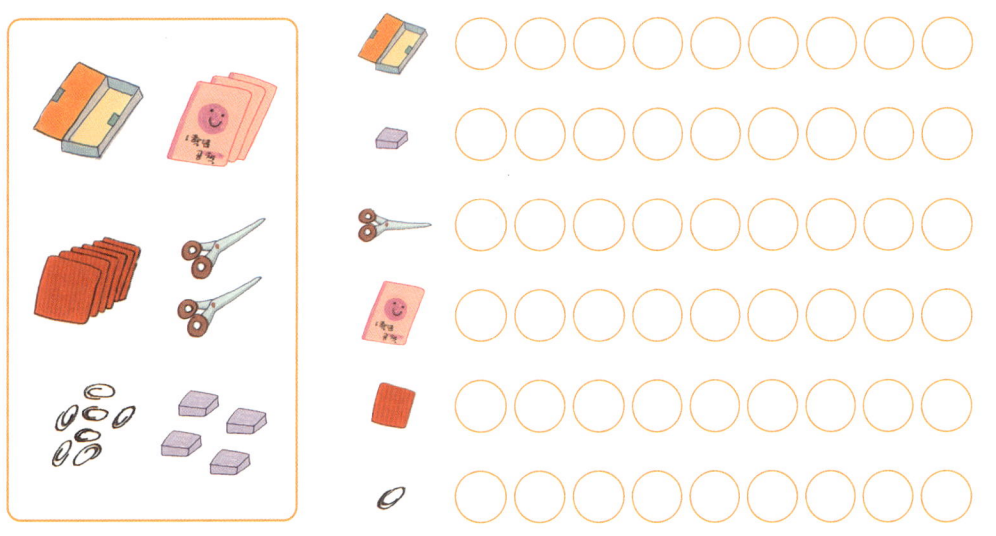

1, 2, 3, 4, 5를 알 수 있어요

생각 열기 피노키오가 이제 물건의 개수를 잘 셀 수 있게 되었어요.
하나, 둘, 셋, 넷, 다섯, 여섯, 일곱, 여덟, 아홉.
그럼 물건이 많이 있을 때는 그 개수를 어떻게 나타내면 될까요?
돌멩이로 짝을 짓거나 신체를 이용하거나 빗금으로 개수를 표시하는 방법은 개수가 많을 때에는 불편한 점이 아주 많았어요.
그래서 0, 1, 2, 3, 4, 5……와 같은 인도·아라비아 숫자를 사용하게 되었어요. 이 숫자들은 인도에서 처음 만들어졌지만 아라비아의 상인들이 다른 나라 사람들에게 널리 퍼뜨렸기 때문에 인도·아라비아 숫자라고 불리게 되었어요.

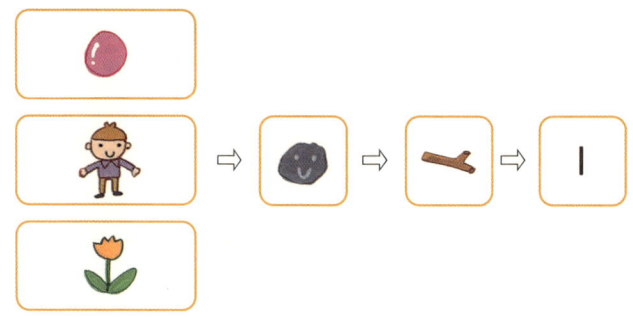

이처럼 수를 나타내는 방법을 알아볼까요?
구슬 한 개와 사람 한 명, 꽃 한 송이가 모두 공통된 숫자 '1'이라는 사실을 알기까지는 아주 오랜 세월이 걸렸어요.

교과서 6~37쪽 | 익힘책 6~53쪽

활동 1 피노키오가 모둠별 준비물을 바구니에 담아 왔어요. 선생님이 적어 준 것을 맞게 갖고 왔는지 세어 보기로 해요.

😊 바구니의 자를 세어 볼까요?

 하나

😊 바구니의 풀을 세어 볼까요?

 하나, 둘

😊 바구니의 색연필을 세어 볼까요?

 하나, 둘, 셋

😊 바구니의 색종이를 세어 볼까요?

 하나, 둘, 셋, 넷

😊 바구니의 공깃돌을 세어 볼까요?

 하나, 둘, 셋, 넷, 다섯

1. 9까지의 수 17

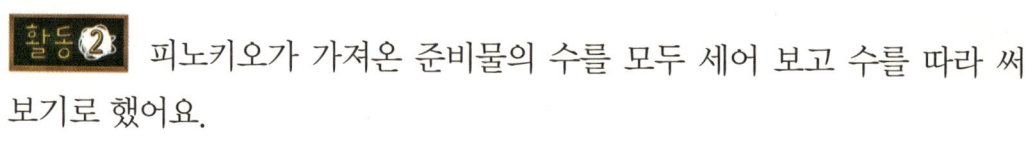 피노키오가 가져온 준비물의 수를 모두 세어 보고 수를 따라 써 보기로 했어요.

창의 수학! 수는 상황에 따라서 다르게 읽을 수 있어요. 다음의 글에서 숫자를 어떻게 읽어야 하는지 생각하면서 읽어 봐요.
- 연필이 **3**자루 있어요. ⇨ 연필이 <u>세</u> 자루 있어요.
- 우리 집은 **3**층 집이에요. ⇨ 우리 집은 <u>삼</u> 층 집이에요.
- 책이 **4**권 있어요. ⇨ 책이 <u>네</u> 권 있어요.
- 나의 번호는 **4**번이에요. ⇨ 나의 번호는 <u>사</u> 번이에요.

익히기 문제

1 세어 보고 알맞은 수에 ○표 하시오.

🌰🌰🌰	1 2 3 4 5
🌾🌾	1 2 3 4 5
👝👝👝👝👝	1 2 3 4 5
🥛	1 2 3 4 5
⭐⭐⭐⭐	1 2 3 4 5

정답 **1** 3 / 2 / 5 / 1 / 4

수의 순서를 알 수 있어요

생각열기

피노키오가 친구들과 운동장 놀이터에서 미끄럼틀을 타려고 해요.
여러 명의 친구들이 미끄럼틀을 타기 위해 줄을 서서 기다리고 있어요.
줄을 선 친구들이 모두 몇 명인지 세어 볼까요?

하나, 둘, 셋, 넷, 다섯

모두 다섯 명이 줄을 서 있어요.
친구들처럼 순서대로 줄을 섰던 경험이 있나요? 만약에 순서가 없다면 어떻게 될까요?

활동 1 옆 그림에서 친구들이 사이좋게 줄을 잘 서고 있어요. 미끄럼틀을 타기 위해 제일 먼저 줄을 선 친구는 누구일까요?

😊 줄을 서 있는 친구들의 순서대로 손가락으로 짚어 볼까요?
첫째 로 줄을 선 친구는 보경이에요.
둘째로 줄을 서 있는 친구는 피노키오 예요.
셋째로 줄을 서 있는 친구는 민경이 예요.
넷째로 줄을 서 있는 친구는 서윤이 예요.
다섯째로 줄을 서 있는 친구는 다람이 예요.

😊 미끄럼틀을 첫째로 탄 친구는 누구일까요?

보경이가 첫째로 제일 먼저 줄을 서 있으니까 첫째로 미끄럼틀을 탔어요.

😊 둘째, 셋째, 넷째, 다섯째로 미끄럼틀을 타는 친구는 누구일까요?
첫째로 보경이가 미끄럼틀을 타고 그다음에 서 있던 피노키오가 둘째로 미끄럼틀을 타겠군요.
그다음은 피노키오 뒤에 있는 민경이가 셋째로 미끄럼틀을 타게 되고, 그 뒤에 있던 서윤이가 넷째로 미끄럼틀을 타게 돼요. 마지막에 줄을 서 있던 다람이는 다섯째로 미끄럼틀을 타겠군요.

활동 2 첫째, 둘째, 셋째, 넷째, 다섯째는 어떤 수로 나타내면 좋을지 생각해 보기로 했어요.

😊 보경이가 첫째로 미끄럼틀을 탔어요. 첫째는 어떤 수로 나타내면 좋을까요?

⇨ 첫째 - 1

😊 피노키노는 둘째로 미끄럼틀을 탔어요. 둘째는 어떤 수로 나타내면 좋을까요?

 ⇨ 둘째 - 2

😊 민경이는 셋째로 미끄럼틀을 탔어요. 셋째는 어떤 수로 나타내면 좋을까요?

 ⇨ 셋째 - 3

😊 서윤이는 넷째로 미끄럼틀을 탔어요. 넷째는 어떤 수로 나타내면 좋을까요?

⇨ 넷째 - 4

😊 다람이는 다섯째로 미끄럼틀을 탔어요. 다섯째는 어떤 수로 나타내면 좋을까요?

⇨ 다섯째 - 5

창의 수학! 상황에 따라서 1, 2, 3, 4, 5는 하나, 둘, 셋, 넷, 다섯의 개수뿐만 아니라 첫째, 둘째, 셋째, 넷째, 다섯째의 순서를 나타낼 수도 있어요.

마무리

익히기 문제

1 알맞게 색칠하시오.

| 넷 | ♣ ♣ ♣ ♣ ♣ |
| 넷째 | ♠ ♠ ♠ ♠ ♠ |

| 둘 | ☆ ☆ ☆ ☆ ☆ |
| 둘째 | ▽ ▽ ▽ ▽ ▽ |

| 다섯 | ♡ ♡ ♡ ♡ ♡ |
| 다섯째 | ◇ ◇ ◇ ◇ ◇ |

하나 더 많은 것과
하나 더 적은 것을 알 수 있어요

생각열기 하나, 둘, 셋! 피노키오의 책꽂이에는 책이 모두 세 권이 있어요. 민경이가 피노키오에게 빌려 갔던 책을 돌려주었어요.

피노키오는 민경이에게 돌려 받은 책을 책꽂이에 꽂으려고 해요.
세 권보다 한 권이 더 많아지면 모두 몇 권일까요?
셋에서 하나 더 많으면 넷이에요.
피노키오의 책꽂이에 있는 세 권에서 민경이에게 돌려 받은 한 권을 꽂으면 책꽂이에 책이 하나, 둘, 셋, 넷! 모두 네 권이 돼요.
피노키오의 책꽂이에 있는 네 권에서 제페토 할아버지께서 한 권을 빌려 보려고 해요.
네 권보다 한 권 더 적어지면 모두 몇 권일까요?
넷에서 하나 더 적은 것은 셋이에요.
피노키오의 책꽂이에 있는 네 권에서 제페토 할아버지께서 한 권을 빌려 가면 책꽂이에 책이 하나, 둘, 셋! 모두 세 권이 돼요.

활동 1 피노키오의 필통에 깎은 연필이 한 자루 있어요.

🗣 피노키오는 연필 한 자루를 더 깎아서 필통에 넣었어요. 하나보다 하나 더 많으면 얼마일까요?

하나보다 하나 더 많으면 　둘　이에요.

🗣 연필 두 자루가 들어 있는 필통에 연필 한 자루를 더 깎아서 넣었어요. 둘보다 하나 더 많으면 얼마일까요?

둘보다 하나 더 많으면 　셋　이에요.

🗣 연필 세 자루가 들어 있는 필통에 연필 한 자루를 더 깎아서 넣었어요. 셋보다 하나 더 많으면 얼마일까요?

셋보다 하나 더 많으면 　넷　이에요.

🗣 연필 네 자루가 들어 있는 필통에 연필 한 자루를 더 깎아서 넣었어요. 넷보다 하나 더 많으면 얼마일까요?

넷보다 하나 더 많으면 　다섯　이에요.

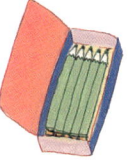

활동 2 피노키오는 색종이 다섯 장으로 종이접기를 하려고 해요. 먼저 색종이 한 장을 사용할 때마다 ╱로 지워 보기로 했어요.

😀 피노키오는 색종이 한 장을 사용했어요. 다섯보다 하나 더 적으면 얼마일까요?

다섯보다 하나 더 적으면 　넷　이에요.

😀 색종이 네 장에서 한 장을 더 사용했어요. 넷보다 하나 더 적으면 얼마일까요?

넷보다 하나 더 적으면 　셋　이에요.

😀 피노키오는 색종이 세 장에서 한 장을 더 사용했어요. 셋보다 하나 더 적으면 얼마일까요?

셋보다 하나 더 적으면 　둘　이에요.

😀 피노키오는 남은 색종이 두 장에서 한 장을 더 사용했어요. 둘보다 하나 더 적으면 얼마일까요?

둘보다 하나 더 적으면 　하나　예요.

익히기 문제

1 왼쪽의 과일의 개수보다 하나 더 많은 수에 ◯표 하시오.

| 1 | 2 | 3 | 4 | 5 |

| 1 | 2 | 3 | 4 | 5 |

2 왼쪽의 과일의 개수보다 하나 더 적은 수에 △표 하시오.

| 1 | 2 | 3 | 4 | 5 |

| 1 | 2 | 3 | 4 | 5 |

정답 **1** 5 / 2 **2** 2 / 4

0을 알 수 있어요

생각열기

색종이로 종이접기를 모두 만든 피노키오는 서윤이네 집에 놀러갔어요.
마침 서윤이가 어항 속의 금붕어에게 먹이를 주고 있었어요.
서윤이의 손에는 금붕어 먹이가 2개 남아 있었어요.
피노키오는 금붕어에게 먹이를 주는 일이 재미있을 것 같았어요.
그래서 서윤이에게 금붕어에게 먹이를 주는 일을 해 보고 싶다고 말했어요.
서윤이는 피노키오가 금붕어에게 먹이를 줄 수 있게 손에 남은 금붕어 먹이를 모두 피노키오에게 넘겨주었어요.
피노키오의 손에 금붕어 먹이가 2개 있어요.

> 손으로 피노키오의 손에 있는 먹이를 짚으며 세어 봐.

활동 1 피노키오가 어항 속의 금붕어에게 먹이를 주고 있어요. 피노키오의 손에 있는 먹이를 세어 볼까요?

하나, 둘!

피노키오가 먹이를 하나 주면 둘보다 하나 적으니까 한 개가 남아요.
피노키오가 먹이를 또 한 개 주면, 하나보다 하나 적으면 아무것도 없어요.
남은 하나를 다 주었으니까 하나도 없어요.

하나도 없는 것, 하나보다 하나 적은 것, 아무것도 없는 것을 어떻게 나타내면 좋을까요?

아무것도 없는 것을 0이라 쓰고, '영'이라고 읽어요.

약속하기
아무것도 없는 것을 0이라 쓰고, 영이라고 읽습니다.

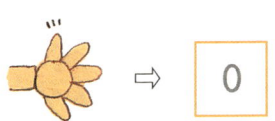

👻 아무것도 없다는 뜻의 0을 쓰고 읽어 볼까요? 0을 연필로도 써 보고 집게손가락을 들어 써 보면서 큰 소리로 영이라고 여러 번 읽으면 잘 기억할 수 있어요.

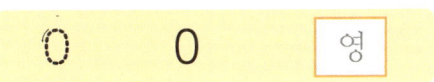

활동 2 피노키오는 할아버지께 금붕어를 키우고 싶다고 말했어요. 할아버지께서도 예전에 금붕어를 키웠다고 해요. 그래서 할아버지께서 예전에 사용했던 어항을 다시 쓰기로 했어요.

💬 어항 속에 금붕어가 몇 마리 있는지 세어 볼까요?
어항 속에 금붕어가 하나도 없어요. 아무것도 없으니까 ┃0┃ 이에요.

💬 어항 속에 금붕어가 몇 마리 있는지 금붕어를 손으로 짚으며 세어 볼까요?
하나! 0보다 하나 많은 ┃1┃ 이에요. 어항 속에 금붕어가 한 마리 있어요.

💬 어항 속에 금붕어가 몇 마리 있는지 손으로 짚으며 세어 볼까요?
하나, 둘! 1보다 하나 많은 ┃2┃ 예요. 어항 속에 금붕어가 두 마리 있어요.

마무리

익히기 문제

1 그림에 알맞게 수를 읽고 써 보시오.

창의수학! 우리가 친구들과 이야기할 때 "나는 구슬이 0개 있어."라고 하지 않고 "나는 구슬이 하나도 없어."라고 하는 것이 더 자연스러워요. 이처럼 0은 '하나도 없는'의 뜻을 지니고 있어요.

개수		🐟	🐟🐟	🐟🐟🐟	🐟🐟🐟🐟	🐟🐟🐟🐟🐟
읽기	영	일				
쓰기		1		3		

개수	::··	::·	···	··	·
읽기	오			이	
쓰기	5		3		0

정답 **1** 이, 삼, 사, 오 / 0, 2, 4, 5 / 사, 삼, 일, 영, 4, 2, 1

6, 7, 8, 9를 알 수 있어요

생각열기 피노키오가 친구들과 주사위놀이를 하고 있어요. 주사위의 눈을 읽어 볼까요? 주사위의 점이 하나씩 늘어나고 있군요.

   일, 하나예요.

   이, 둘이에요.

   삼, 셋이에요.

   사, 넷이에요.

   오, 다섯이에요.

오(다섯)보다 점이 하나 더 많은 것이 있어요. 어떻게 읽을 수 있을까요?

   육, 여섯이라고 읽어요.

활동 ❶ 피노키오가 체육 시간에 사용한 공을 담은 바구니를 정리하려고 해요. 먼저 공이 몇 개인지 세어 보기로 했어요.

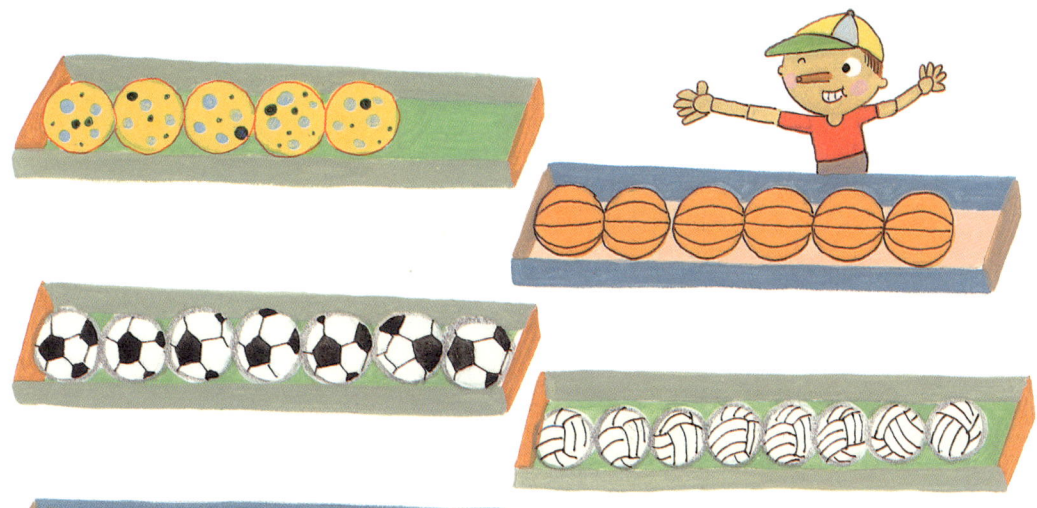

💬 탱탱볼의 개수를 세어 볼까요?
하나, 둘, 셋, 넷, 다섯! 탱탱볼은 모두 다섯 개예요.

💬 탱탱볼의 개수보다 하나 더 많은 것은 무엇일까요?
농구공이 탱탱볼보다 하나 더 많아요. 농구공은 하나, 둘, 셋, 넷, 다섯, 여섯! 모두 여섯 개예요.

여섯은 '6'이라고 쓰고 '육' 또는 '여섯'이라고 읽어요.

기억하고 있지?
하나, 둘, 셋, 넷, 다섯!
⇨ 일, 이, 삼, 사, 오!
⇨ 1, 2, 3, 4, 5!

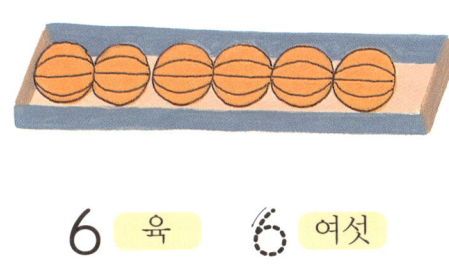

6 육   6 여섯

🗨 농구공의 수보다 하나 더 많은 것은 무엇일까요?

축구공이 농구공보다 하나 더 많아요. 축구공은 하나, 둘, 셋, 넷, 다섯, 여섯, 일곱! 모두 일곱 개예요.

일곱은 '7'이라고 쓰고, '칠' 또는 '일곱'이라고 읽어요.

🗨 축구공의 수보다 하나 더 많은 것은 무엇일까요?

배구공이 축구공보다 하나 더 많아요. 배구공은 하나, 둘, 셋, 넷, 다섯, 여섯, 일곱, 여덟! 모두 여덟 개예요.

여덟은 '8'이라고 쓰고, '팔' 또는 '여덟'이라고 읽어요.

🗨 배구공의 수보다 하나 더 많은 것은 무엇일까요?

야구공이 배구공보다 하나 더 많아요. 야구공은 하나, 둘, 셋, 넷, 다섯, 여섯, 일곱, 여덟, 아홉! 모두 아홉 개예요.

아홉은 '9'라고 쓰고, '구' 또는 '아홉'이라고 읽어요.

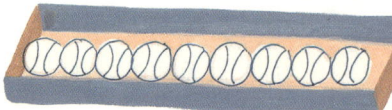

약속하기

익히기 문제

1 세어 보고 알맞은 수를 찾아 ○표 하시오.

	6 7 8 9
	6 7 8 9
	6 7 8 9
	6 7 8 9

2 주어진 수만큼 색칠하고 읽어 보시오.

7 ○○○○○○○○○

정답 1 6 / 8 / 7 / 9 2 ●●●●●●●○○ / 일곱, 칠

9까지의 수의 순서를 알 수 있어요

생각열기

피노키오와 친구들이 투호 놀이를 하기 위해 체육관에 모였어요. 모두 몇 명일까요?

피노키오와 친구들은 투호 놀이하는 순서를 정하기 위해 숫자 카드를 뽑았어요. 숫자 카드 1 을 뽑은 친구가 제일 먼저 투호를 하게 되는 거예요. 어떤 순서대로 투호 놀이를 하게 될까요?

> 친구들은 모두 9명이야. 글을 쓸 때 9명이라고 써도 '구' 명이 아니라 '아홉' 명이라고 읽어야 해.

활동 1 피노키오와 친구들이 숫자 카드에 적힌 순서대로 줄을 섰어요. 줄을 선 친구들이 모두 몇 명인지 세어 볼까요?

하나, 둘, 셋, 넷, 다섯, 여섯, 일곱, 여덟, 아홉

일, 이, 삼, 사, 오, 육, 칠, 팔, 구

앞에서부터 세어도, 뒤에서부터 세어도 모두 아홉 명이에요.

🟠 어떤 순서대로 서 있는지 알아볼까요?

첫째는 보경이, 둘째는 서윤이, 셋째는 민경이, 넷째는 피노키오, 다섯째는 소희가 순서대로 서 있어요.

🟠 숫자 카드 6, 7, 8, 9를 수의 순서대로 어떻게 읽을 수 있을까요?

첫째, 둘째, 셋째……처럼 째를 붙여서 6은 여섯째 , 7은 일곱째 , 8은 여덟째 , 9는 아홉째 로 읽어요.

활동 2 숫자 카드에 적힌 수의 순서대로 줄을 서 있는 친구들이 투호 화살을 들고 있어요. 어떤 순서대로 서서 투호 화살을 던지는지 알아보려고 해요. 보경이가 첫째로 서 있고 피노키오는 넷째로 서 있어요.

🔸 민주는 몇째에 서 있나요?
여덟 째에 서 있어요.

🔸 어떤 친구들은 투호 화살을 들고 있고 어떤 친구들은 들고 있지 않아요. 몇째에 서 있는 친구까지 투호 화살을 들고 있나요?

여섯 째까지 투호 화살을 들고 있어요.

🔸 승우가 서 있는 일곱째까지는 모두 몇 명인가요?

하나, 둘, 셋, 넷, 다섯, 여섯, 일곱! 모두 일곱 명이에요.

> 수를 셀 때 마지막 수가 전체 개수가 돼.

마무리

익히기 문제

1 순서에 맞게 □ 안에 알맞은 수를 써넣으시오.

2 왼쪽부터 6번째에 ○표 하시오.

정답 **1** 2 / 5 / 7 / 9　**2** 바나나

1 큰 수와 1 작은 수를 알 수 있어요

생각열기 피노키오가 제페트 할아버지께 칭찬 붙임딱지를 받았어요. 피노키오는 사과 모양 판에 자랑스럽게 칭찬 붙임딱지를 붙였어요. 피노키오가 받은 칭찬 붙임딱지가 몇 개인지 세어 볼까요?

칭찬 붙임딱지의 개수는 하나, 둘이에요.

다음 날 피노키오가 학교에서 아픈 친구를 도와주어 선생님께 칭찬 붙임딱지 한 개를 또 받았어요. 피노키오는 사과 모양 판에 자랑스럽게 칭찬 붙임딱지를 붙였어요. 칭찬 붙임딱지 둘보다 칭찬 붙임딱지 하나가 더 많으면 칭찬 붙임딱지는 모두 몇 개가 될까요?

착한 일을 많이 해 칭찬 붙임딱지가 많아지면 기분이 참 좋을 거야.

칭찬 붙임딱지의 개수는 하나, 둘, 셋이에요. 다른 친구들도 피노키오처럼 칭찬 붙임딱지를 받아 사과 모양 판에 모으고 싶어 해요.

활동 1 피노키오의 친구들이 받은 칭찬 붙임딱지는 몇 개인지 알아봐요.

민경이가 받은 칭찬 붙임딱지는 하나, 둘, 셋, 넷, 다섯! 모두 다섯 개예요.

💬 보경이는 민경이보다 하나 더 많이 칭찬 붙임딱지를 받았어요. 몇 개인가요?

하나, 둘, 셋, 넷, 다섯, 여섯! 모두 여섯 개예요.

하나 더 많은 수는 'I 큰 수'라고 해요.

5보다 I 큰 수는 6 이에요.

💬 정민이는 민경이보다 하나 더 적게 칭찬 붙임딱지를 받았어요. 몇 개인가요?

하나, 둘, 셋, 넷! 모두 네 개예요.

하나 더 적은 수는 'I 작은 수'라고 해요.

5보다 I 작은 수는 4 예요.

💬 'I 작은 수'와 'I 큰 수'를 적어 볼까요?

활동 2 피노키오와 친구들이 은행놀이를 해요. 피노키오가 저금을 하고 있어요. 피노키오의 번호는 5번이었어요. 피노키오의 다음 번 순서는 누구일까요?

5의 다음 수는 6 이에요. 6은 5보다 1 큰 수예요.

6의 앞의 수는 5 예요. 5는 6보다 1 작은 수예요.

피노키오의 다음 순서는 민경이 에요.

💬 민주의 순서는 어떠한가요?

민주의 번호는 8번이에요. 8의 바로 앞의 수는 7 이므로 7번인 서윤이가 저금을 다할 때까지 민주는 기다려야 해요.

7의 다음 수는 8 이에요. 8은 7보다 1 큰 수예요.

8의 앞의 수는 7 이에요. 7은 8보다 1 작은 수예요.

💬 민주의 다음은 누구일까요?

민주의 번호가 8번이에요. 8의 다음 수는 9 예요. 9는 8보다 1 큰 수니까 9번 번호를 갖고 있는 정민이가 민주의 다음 순서가 돼요.

마무리

익히기 문제

1 ☐ 안에 알맞은 수를 써넣으시오.

8보다 1 작은 수는 ☐ 입니다.

5보다 1 큰 수는 ☐ 입니다.

2 1 큰 수와 1 작은 수를 써넣으시오.

정답 **1** 7 / 6   **2** 3 / 5 / 7 / 9

두 수의 크기를 비교할 수 있어요

생각 열기

피노키오는 식물 기르기를 좋아해요. 오늘은 교실에 화분을 일곱 개 가져와 창가에 두었어요.

그런데 화분에 물을 주다가 그만 화분 한 개를 깨뜨렸어요.

피노키오는 친구들이 다치지 않게 깨진 화분을 얼른 치웠어요.

창가에 화분이 몇 개 있는지 세어 볼까요?

하나, 둘, 셋, 넷, 다섯, 여섯! 모두 여섯 개예요.

화분 받침이 몇 개 있는지 세어 볼까요?

하나, 둘, 셋, 넷, 다섯, 여섯, 일곱! 모두 일곱 개예요.

저런, 화분 한 개가 없어지니 화분과 화분 받침의 수가 같지 않아요.

활동 1 화분과 화분 받침의 수가 달라요. 화분과 화분 받침 중 어느 것이 많을까요?

화분의 수와 화분 받침의 수만큼 ● 표를 그려서 비교해 볼까요?

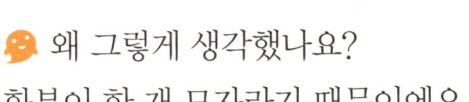

💬 화분과 화분 받침 중 어느 것이 많을까요?

> 화분 받침이 화분보다 많아요.

💬 왜 그렇게 생각했나요?
화분 받침이 한 개 남기 때문이에요.

무엇이 많고 적은지 하나씩 비교해 보면 알 수 있어.

💬 화분과 화분 받침 중 어느 것이 적을까요?

> 화분이 화분 받침보다 적어요.

💬 왜 그렇게 생각했나요?
화분이 한 개 모자라기 때문이에요.

화분의 개수는 [6]이고 화분 받침의 개수는 [7]이에요.
7은 6보다 커요.
6은 7보다 작아요.

사물의 개수를 비교할 때 사물은 '많다, 적다'로 말하고, 수를 비교할 때는 '크다, 작다'로 말해요.

활동 2 피노키오가 친구들과 숫자 카드놀이를 하고 있어요. 숫자 카드를 뽑아 누구의 수가 더 큰지 비교해 봤어요.

피노키오가 뽑은 수는 5 예요.

민경이가 뽑은 수는 7 이에요.

💬 5와 7에 맞게 ●를 그려서 두 수의 크기를 비교해 볼까요?

5	●	●	●	●	●		
7	●	●	●	●	●	●	●

5 는 7보다 작아요.

7은 5 보다 커요.

💬 피노키오가 6, 민경이가 3을 뽑았을 때 두 수의 크기를 비교해 볼까요?

6은 3 보다 커요 .

3 은 6보다 작아요 .

마무리

익히기 문제

1 ☐ 안에 알맞은 수를 써넣고 알맞은 말에 ○표 하시오.

사과는 귤보다 (많습니다, 적습니다).
5는 8보다 (큽니다, 작습니다).

2 두 수의 크기를 비교하여 큰 수에 ○표 하시오.

| 4 | 6 | | 1 | 0 |

창의 수학! 퀴즈네어 색 막대는 눈으로 두 수의 크기를 알 수 있어요. 두 수의 크기를 비교할 때 두 막대를 서로 대어 보면 쉽게 비교할 수 있어요.

정답 **1** 5, 8 / 적습니다 / 작습니다 **2** 6 / 1

문제를 풀어 봅시다

 난쟁이들에게 알맞은 바구니와 과일을 골라 연결해 보시오.

> 첫째 난쟁이가 '바구니 1'에 수박을 1개 넣어요.
> 둘째 난쟁이가 '바구니 2'에 배를 2개 넣어요.
> 셋째 난쟁이가 '바구니 3'에 사과를 3개 넣어요.
> 넷째 난쟁이가 '바구니 4'에 바나나를 4개 넣어요.
> 다섯째 난쟁이가 '바구니 5'에 귤을 5개 넣어요.

02 1 큰 수와 1 작은 수를 쓰시오.

03 알맞게 색칠하여 보시오.

여덟 ○ ○ ○ ○ ○ ○ ○ ○ ○

여덟째 ○ ○ ○ ○ ○ ○ ○ ○ ○

04 두 수의 크기를 비교하여 작은 수에 △표 하시오.

| 5 | 7 | | 2 | 6 | | 9 | 4 |

05 순서에 맞게 알맞은 수를 쓰시오.

| 1 | 2 | | 4 | | | 7 | | |

06 엘리베이터 안입니다. ☐ 안에 알맞은 수를 써넣으시오.

6층보다 1층 위는 ☐층입니다.

2층과 5층 사이에는 ☐층과 ☐층이 있습니다.

4층보다 1층 아래는 ☐층입니다.

누가 '빙고'를 먼저 외칠까?

피노키오와 정민이가 **3**줄 빙고 게임을 하고 있어요. 놀이 방법을 잘 읽어 보고 친구들과 빙고 게임을 해 봐요.

- 빙고판에 아무 칸이나 1부터 9까지의 수를 한 번씩 써 넣어요.
- 가위바위보를 하여 순서를 정해요.
- 정해진 순서대로 빙고판에 적힌 숫자를 불러요.
- 불러 주는 숫자에 ×를 해요.
- 가로, 세로, 대각선 중 한 줄이 완성되면 빙고를 외쳐요.

〈빙고판〉   〈빙고판〉

우리 집에 어떤 물건이 몇 개가 필요할까?

집 안에 있는 물건의 수를 세어 숫자를 써 봐요.

| 청소기 ☐ 개 | 컴퓨터 ☐ 개 | 텔레비전 ☐ 개 |
| 의자 ☐ 개 | 휴지통 ☐ 개 | 꽃병 ☐ 개 |

💬 우리 집에 더 필요한 물건은 무엇이 있을까요?
왜 그 물건이 더 필요하다고 생각하나요?

💬 우리 집에 있는 물건 중에서 너무 많이 있는 물건은 무엇일까요?
왜 그 물건이 너무 많다고 생각하나요?

정답 1 청소기 1개, 컴퓨터 1개, 텔레비전 1개, 의자 5개, 휴지통 2개, 꽃병 2개 / 생략 / 생략

2 여러 가지 모양

- 여러 가지 모양을 찾아보아요
- 여러 가지 모양을 알 수 있어요
- 모양이 같은 것끼리 모을 수 있어요
- 장난감을 만들 수 있어요

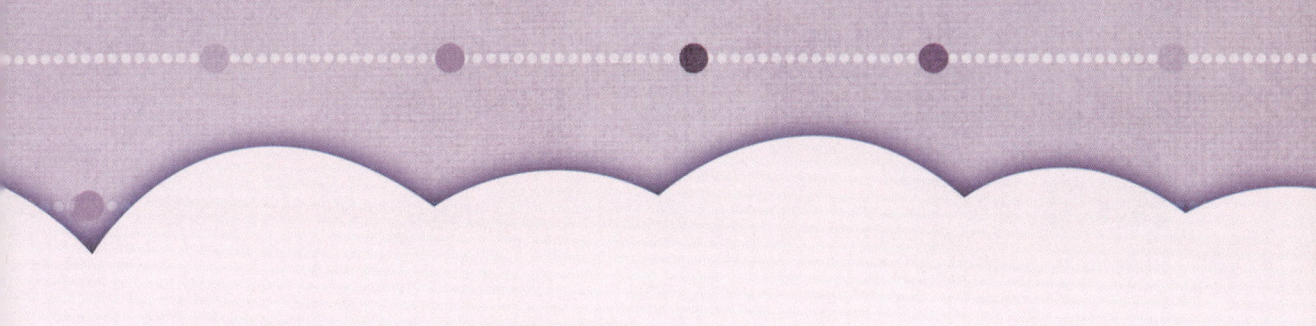

재석이는 일요일을 맞이하여 가족과 함께 실내 놀이터에 놀러 갔어요.
실내 놀이터에는 가지고 노는 장난감과 타고 노는 놀이 기구가 많이 있어요.
장난감과 놀이 기구들은 알록달록한 색과 여러 가지 모양으로 되어 있어요.
재석이는 실내 놀이터에서 어떤 놀이를 하며
즐거운 시간을 보내게 될까요?

여러 가지 모양을 찾아보아요

생각 열기 재석이는 실내 놀이터를 천천히 둘러보았어요. 실내 놀이터에는 어떤 물건들이 있나요?

축구공, 의자, 미끄럼틀, 매달리는 봉, 회전공, 볼풀 등이 있어요.
재석이는 한쪽 벽면에서 실내 놀이터에서 진행되는 행사를 보았어요. 놀이터에서 내는 문제를 모두 맞힌 팀에게 여러 가지 모양이 담긴 블록 상자를 준다고 해요.
재석이도 실내 놀이터에서 진행되는 행사에 참여하기 위해 첫 번째 문제를 읽어 보았어요.

실내 놀이터에서 나눠 주는 카드에 그려진 모양과 같은 놀이 기구나 물건을 모두 찾아오시오.

활동 1 재석이가 실내 놀이터에서 받은 카드는 다음과 같았어요.

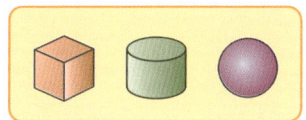

😊 실내 놀이터에서 🟧 모양의 놀이 기구나 물건을 찾아볼까요?
의자 , 미끄럼틀의 계단 등이 있어요.

😊 실내 놀이터에서 🟢 모양의 놀이 기구나 물건을 찾아볼까요?
미끄럼틀 , 매달리는 봉, 볼풀의 가장자리 등이 있어요.

😊 실내 놀이터에서 🟣 모양의 놀이 기구나 물건을 찾아볼까요?
축구공 , 회전공의 매달리는 부분, 볼풀 공 등이 있어요.

😊 이제 나의 가방 속에 들어 있는 물건들과 주위를 둘러보고, 🟧 , 🟢 , 🟣 모양을 찾아볼까요?

🟧 모양	필통 , 책, 지우개 등이 있어요.
🟢 모양	딱풀 , 음료수 캔, 엄마 화장품 등이 있어요.
🟣 모양	구슬 , 야구공 등이 있어요.

재석이는 부모님과 함께 카드에 그려진 모양에 이름을 붙이려고 이야기를 나누었어요.

모양

- 의자나 계단과 같은 모양은 상자 모양과 비슷하니까 상자 모양이라고 하면 어떻겠니?
- 상자 모양이 모두 그렇게 생긴 것은 아니잖아? 하트 모양의 상자도 있고, 둥근 모양의 상자도 있어.
- 그럼 네모난 상자 모양이라고 하면 좋겠어요. 상자 모양이긴 한데 네모로 되어 있으니까요.

모양

- 미끄럼틀이나 매달리는 봉과 같은 모양은 기둥을 닮았으니 기둥 모양이라고 하면 좋을 것 같구나.
- 그렇지만 기둥 모양이 모두 그렇게 생긴 것은 아니야. 네모 상자 모양처럼 생긴 기둥도 있잖아?
- 맞아요. 그럼 둥글게 생긴 기둥 모양이니 둥근 기둥 모양이라고 이름을 붙여야겠어요.

모양

- 이 모양은 모두 공처럼 생겼으니까 공 모양이라고 불러야겠어요.
- 미끄럼틀 지붕도 공처럼 둥근데 공 모양으로 부를 거니?
- 아니요, 축구공이나 볼풀은 모두 굴리면 굴러가는데 둥근 지붕은 굴러가지 않으니 공 모양은 아니에요.

🔶 다음 모양의 이름을 붙여 볼까요?

 모양 – 네모난 상자 모양   모양 – 둥근 기둥 모양

 모양 – 공 모양

마무리

> 창의 수학! 축구, 배구, 야구 경기 등에서 사용하는 공은 왜 모두 ● 모양으로 생겼을까요? 축구에서 사용하는 공은 잘 굴러가야 해요. 그리고 배구나 야구 경기에서 사용하는 공은 잡아서 던지기도 편리해야 겠지요? 그래서 ● 모양으로 만들어 사용하는 거예요.

익히기 문제

1 그림을 보고 문제를 풀어 보시오.

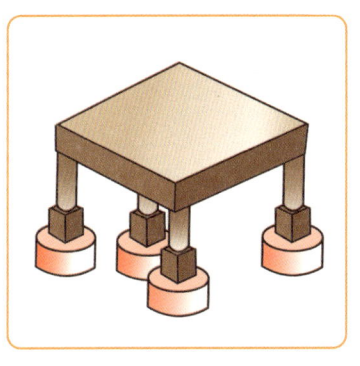

왼쪽의 그림에서 🟧 모양은 몇 개입니까?

☐ 개

왼쪽의 그림에서 🟢 모양은 몇 개입니까?

☐ 개

정답 **1** 5 / 4

여러 가지 모양을 알 수 있어요

생각열기 재석이네 가족은 첫 번째 문제를 해결한 후 두 번째 문제를 읽어 보았어요.

> 놀이터에서 나눠 주는 카드 세 장에 그려진 모양의 일부만 보고, 블록 상자에서 완성된 모양을 찾아오시오.

재석이가 받은 카드는 다음과 같았어요.

활동1 재석이는 그림 카드의 완성된 모양을 찾으러 다녔어요.

🧒 ▢ 모양은 어떤 모양의 일부분인 것 같니?

👦 🟦 모양이요.

🧒 왜 그렇게 생각했지?

👦 뾰족한 부분이 보여서 🟦 모양이라고 생각했어요.

🧒 그러면 네모난 상자 모양인 🟦 모양을 찾아보자.

재석은 여러 블록들이 있는 상자에서  어요.

👨 다음은 의 완성된 모양을 찾아볼까?

🧒 이 카드의 완성된 모양은 모양인 것 같아요.

👨 왜 그렇게 생각했니?

🧒 둥글고 기둥 같은 부분이 보여서 그렇게 생각했어요.

재석은 상자에서 모양을 찾아 와 짝을 이루었어요.

👩 마지막으로 의 완성된 모양을 찾으면 되겠구나?

🧒 이 카드의 완성된 모양은 모양과 같아요. 왜냐하면 동그란 모양만 보이잖아요.

👩 그래, 재석이 말이 맞는 것 같구나.

재석은 마지막으로 모양을 찾아 와 짝을 이루어 행사하는 곳에 갔어요.

💬 다음 보이는 모양을 보고 알맞은 모양과 짝지어 볼까요?

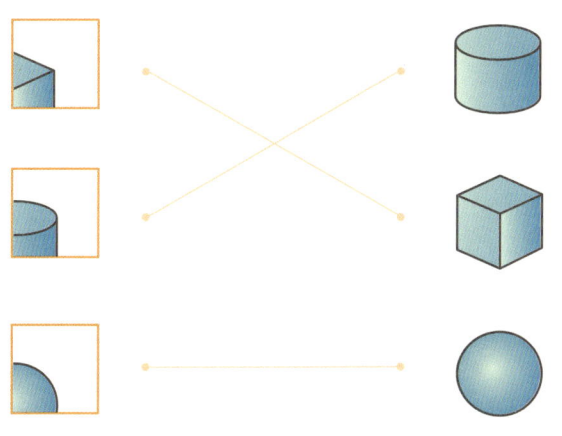

카드의 모양만 보고 모양을 알아맞히면서 왜 그렇게 생각했는지 말로 표현해 보면 생각 주머니가 커질 수 있어.

활동 2 행사장 옆에서는 친구들이 모여서 놀이를 하고 있어요. 어둠 상자 속에 들어 있는 물건을 손으로 만져 보고 어떤 물건인지 설명하는 놀이예요. 재석이가 어둠 상자에 손을 넣었어요.

🗨 어둠 상자에 들어 있는 물건은 무엇인가요?

야구공 , 딱풀, 상자, 음료수 캔, 필통, 구슬이에요.

🗨 각각의 물건은 어떤 모양인가요?

상자와 필통 은 ▨ 모양이에요.

딱풀 과 음료수 캔은 ▨ 모양이에요.

야구공과 구슬 은 ● 모양이에요.

마무리

익히기 문제

1 다음 설명을 읽고, 해당하는 모양을 찾아 선으로 이어 보시오.

① 나는 뾰족한 부분과 평평한 부분이 많아.

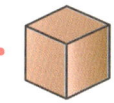

② 나는 모든 부분을 만져도 모두 둥글어.

③ 나는 둥근 부분도 있고, 평평한 부분도 있어.

모양이 같은 것끼리 모을 수 있어요

생각열기 재석이는 가족과 함께 실내 놀이터에서 낸 문제를 해결했어요. 그리고 실내 놀이터에서 블록 상자를 선물로 받았어요.

재석이는 상자에 담겨 있는 블록과 집에 있는 여러 가지 모양의 물건들을 가지고 친구들과 함께 놀았어요. 재미있게 놀이를 하고 물건들을 정리하려고 해요. 어떻게 정리하는 것이 좋을까요?

같은 색끼리 모아서 정리해 볼까?

같은 색끼리 모으면 너무 많은 상자가 필요해. 그리고 물건 하나에 여러 가지 색이 있는 것도 있잖아.

교과서 38~59쪽 | 익힘책 54~69쪽

활동 1 재석이와 친구들은 의견을 모아 모양이 같은 물건들을 모아서 상자에 담았어요.

💬 음료수 캔과 원기둥 블록은 ⬢ 모양이라고 할 수 있나요?
음료수 캔, 원기둥 블록은 둘 다 공이 아니고, 위와 아래에 평평한 면이 있기 때문에 ⬢ 모양이라고 말할 수 있어요.

💬 상자와 주사위는 ⬜ 모양이라고 말할 수 있나요?
상자, 주사위는 뾰족한 부분이 많고, 밑면과 옆면이 모두 평평한 면으로 되어 있기 때문에 ⬜ 모양이라고 말할 수 있어요.

> 여기서는 크기나 색깔보다 모양별로 구분해야 해.

💬 탁구공, 구슬은 ⚫ 모양이라고 할 수 있나요?
탁구공과 구슬은 둥근 면으로 되어 있어서 ⚫ 모양이라고 말할 수 있어요.

💬 다음 물건들의 모양을 보고 모양이 같은 것끼리 모아 볼까요?

2. 여러 가지 모양 63

활동 2 여러 가지 물건들을 다른 방법으로도 정리할 수 있어요.

■, ■, ● 모양의 물건들을 여러 방법으로 굴려 볼까요?

💬 각각의 물건들은 어떻게 굴러가나요?
축구공은 이리저리 여러 방향으로 잘 굴러가요.
딱풀은 한 방향으로만 굴러가요.
또 상자는 어느 방향으로든 잘 굴러가지 않아요.

> 물건을 굴릴 때에는 여러 방향으로 굴려 봐야 해.

💬 비슷하게 구르는 물건들끼리 모아 볼까요?

어느 방향으로든 잘 굴러가지 [않는] 모양	주사위	큐브	곽티슈	필통	■ 모양
[한] 방향으로만 잘 굴러가는 모양	딱풀	음료수 캔	화장품	휴지통	■ 모양
[모든] 방향으로 잘 굴러가는 모양	축구공	야구공	탁구공	구슬	● 모양

마무리

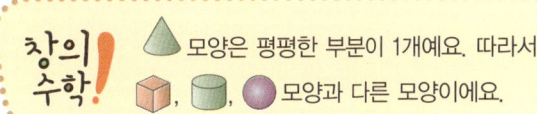

익히기 문제

1 다음은 ⬛ 모양과 같은 물건들을 모아 놓은 것입니다. ⬛ 모양에 속하지 않는 물건을 찾아 ×표 하시오.

정답 **1** 음료수 캔, 공 퍼즐

장난감을 만들 수 있어요

생각 열기 재석이는 지난번에 놀러 갔던 실내 놀이터에서 받은 블록과 집에 있는 여러 가지 모양의 물건들을 이용하여 장난감을 만들었어요.

인형, 미끄럼틀, 기차, 식탁과 의자를 만들었어!

재석이와 같은 모양의 장난감 인형, 미끄럼틀, 기차, 식탁과 의자를 만들기 위해서는 어떤 모양의 물건이 필요할까요?

기차의 바퀴를 만들려면 🟢 모양이 필요해요.

미끄럼틀의 계단을 만들려면 🟫 모양이 필요해요.

인형의 얼굴과 손을 만들려면 🟣 모양이 필요해요.

활동 1 이번에는 재석이가 장난감 자동차를 만들려고 해요. 장난감 만들기를 할 때는 여러 가지 모양의 특징을 생각하면서 만들어야 해요. 또, 재료를 무엇으로 쓸지 생각해야 해요.

🗨 자동차의 몸통은 어떤 모양으로 만들어야 할까요?

몸통은 〔바퀴〕를 연결시키기 편리한 ⬛ 모양으로 만드는 것이 좋아요

바퀴는 〔한〕 방향으로 잘 굴러가는 ⬢ 모양의 물건을 활용해서 만들어야 해요.

🗨 여러 가지 모양을 이용하여 내가 만들고 싶은 장난감의 밑그림을 그려 볼까요?

문제를 풀어 봅시다

01 모양이 같은 것을 찾아 선으로 이어 보시오.

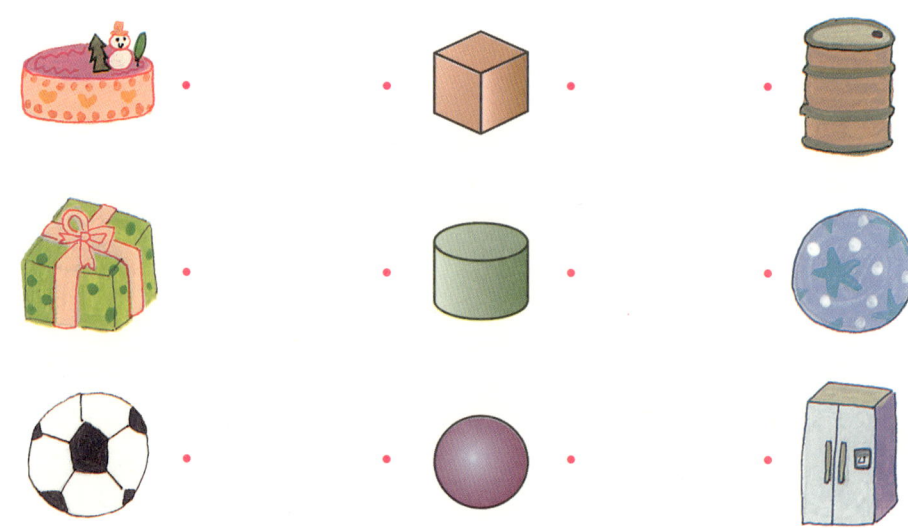

02 다음 이야기를 읽고, 알맞은 모양에 ○표 하시오.

> 이 모양은 세우면 정리하기 쉽지만 옆으로 두면 굴러가서 정리하기 힘든 모양인 것 같아.

03 미끄럼틀을 만들 때, 계단으로 사용하기에 알맞은 모양에 ○표 하시오.

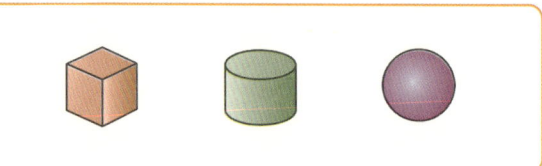

04 다음은 재석이의 책꽂이 그림입니다. 책꽂이에서 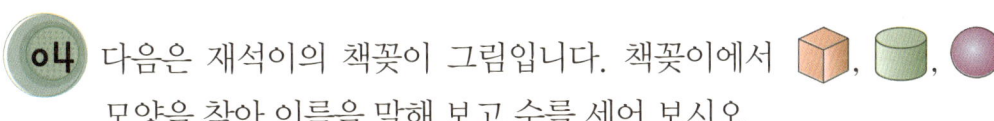 , , 모양을 찾아 이름을 말해 보고 수를 세어 보시오.

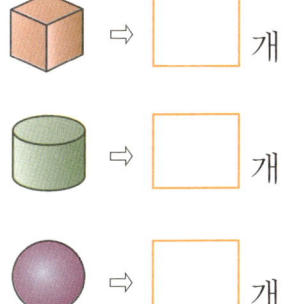

05 다음은 재석이가 만든 케이크 모양입니다. 모양을 몇 개 사용하였는지 수를 써넣으시오.

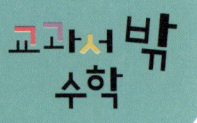 

누가 높이 쌓을까?

재석이네 가족들은 즐거운 쌓기 놀이를 하려고 해요. 그래서 집 안에 있는 여러 가지 물건들을 한곳에 모았어요. 모은 물건들을 차례차례 무너지지 않게 높이 쌓아야 해요.
누가 가장 빨리, 높게 쌓을까요?

놀이 방법

- 집 안에 있는  모양을 찾아 한자리에 모아요.
- 가위바위보를 하여 물건을 고르는 순서를 정해요.
- 돌아가면서 원하는 모양의 물건들을 하나씩 골라요.
- 정해진 시간(1분 또는 2분 정도) 동안 고른 물건을 쌓아 올려요.
- 가장 빨리 모두 쌓은 사람이 이겨요.
- 정해진 시간에 모두 쌓아 올린 사람이 없으면 가장 많은 물건을 쌓은 사람이 이기는 것으로 해요.
- 놀이를 하는 도중에 쌓아 올린 물건이 무너진 사람은 처음부터 다시 시작해요.

💬 이 놀이에서 이기려면 어떻게 하는 것이 좋을까요?

여러 가지 모양의 물건을 고를 때 잘 쌓을 수 있는 모양을 골라 봐.

물건을 쌓는 순서를 미리 정해 보면 시간을 절약할 수 있어.

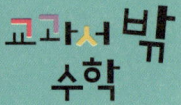 

여러 가지 모양의 건물

우리가 살아가는 세상에는 여러 가지 모양의 건물이 있어요.
🟧 모양의 건물이 가장 많이 있지만 우리 동네에 있는 건물들의 모양이나 여행을 하면서 보았던 건물들을 떠올려 봐요. 또한 여행을 떠나서 보았던 건물이나 텔레비전을 통해서 보았던 건물 중에 🟩 모양이나 🟣 모양의 건물이 있었는지 생각해 봐요.

💬 다음 사진 속 건물에는 어떠한 모양이 들어 있을까요?

🟩 모양의 건물이라고 할 수 있어요.

🟣 모양의 건물이라고 할 수 있어요.

🟧 모양의 건물이라고 할 수 있어요.

, , ● 모양으로 나만의 마을을 만들어 봐요.

3 덧셈과 뺄셈

- 2, 3, 4, 5를 가르고 모아요
- 6, 7, 8, 9를 가르고 모아요
- 덧셈을 알 수 있어요
- 덧셈을 할 수 있어요
- 뺄셈을 알 수 있어요
- 뺄셈을 할 수 있어요
- 덧셈식과 뺄셈식을 알 수 있어요
- □가 있는 덧셈식과 뺄셈식을 만들 수 있어요
- 두 수를 바꾸어 더할 수 있어요

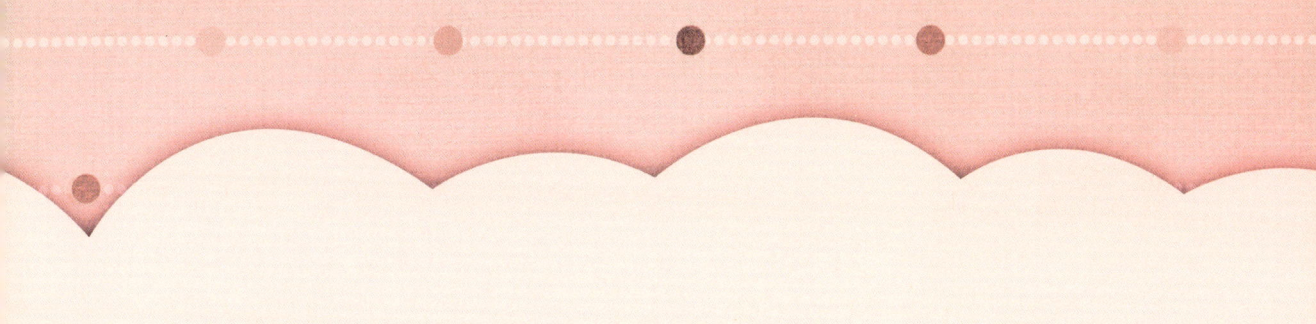

재석이는 가족과 함께 동물원에 가서 여러 동물들을 구경했어요.
동물 우리에 동물들이 몇 마리 있는지 세어 가며 즐겁게 보냈어요.
재석이와 가족들은 동물원에서 새로 산 동물 카드를 가지고 게임도 했어요.
재석이와 가족들이 동물원에서 어떤 동물들을 구경했는지,
동물원에는 몇 마리의 동물들이 있는지 함께 알아볼까요?

2, 3, 4, 5를 가르고 모아요

생각열기 재석이네 가족이 동물원 정문에 들어서자 가장 먼저 기린이 눈에 띄어요. 기린은 목이 정말 길어서 실내 안쪽으로 들어가는 문도 엄청 높았어요. 그 문으로 기린들이 들어가는 모습도 보았어요.

기린이 실내로 들어가는 문은 두 개예요. 기린 4마리가 몇 마리씩 들어갈 수 있는지 알아보기로 했어요.

활동 1 기린 동물 카드를 이용해 기린 4마리를 둘로 가르려고 해요. 어떤 방법으로 가를 수 있을까요?

2마리와 2마리로 가를 수 있어요.

💬 다른 방법으로 가를 수 있는 방법을 찾아볼까요?

1마리와 ☐3☐ 마리로 가를 수 있어요.

☐3☐ 마리와 1마리로 가를 수 있어요.

4는 여러 가지 방법으로 가를 수 있어.

💬 4를 여러 가지 방법으로 갈라 볼까요?

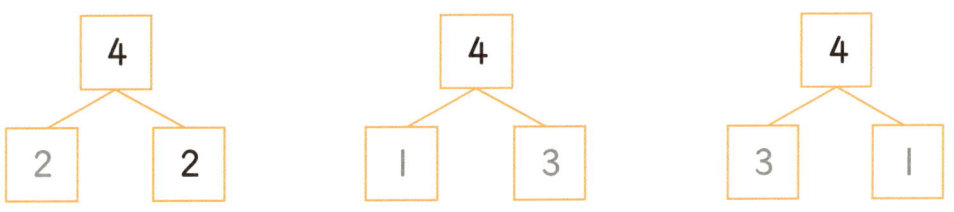

💬 백곰 2마리를 갈라 볼까요?

활동 2 동물원에서 재석이는 백곰과 얼룩말, 코끼리를 봤어요. 우리 안에 있는 동물들의 수를 모아 보려고 해요.

백곰은 몇 마리씩 있나요?
왼쪽에 1마리, 오른쪽에 1마리가 있어요.
백곰을 모두 모으면 2마리예요.
얼룩말은 몇 마리씩 있나요?
위쪽에 2마리, 아래쪽에 1마리가 있어요.
얼룩말을 모두 모으면 3마리예요.
코끼리는 몇 마리씩 있나요?
왼쪽에 2마리, 오른쪽에 3마리가 있어요.
코끼리를 모두 모으면 5마리예요.

💬 두 수를 모아 볼까요?

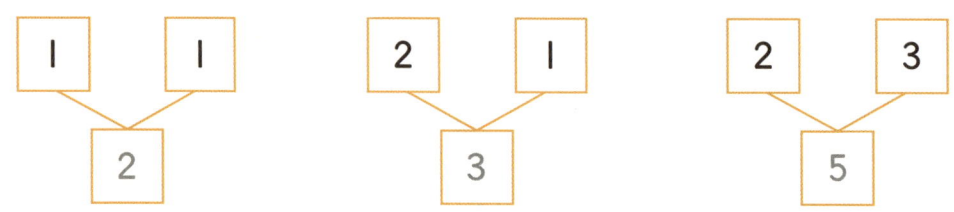

마무리

익히기 문제

1 그림을 보고 빈 곳에 알맞은 수를 써넣으시오.

쏙쏙 5를 두 수로 가를 때 (2, 3)이 되는 경우와 (3, 2)가 되는 경우는 서로 다른 방법이에요.

2 빈 곳에 알맞은 수를 써넣으시오.

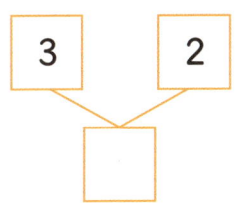   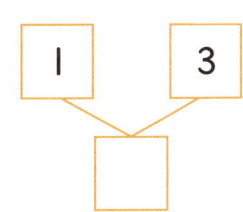

정답 **1** 3, 1 / 2, 1 **2** 5 / 4

3. 덧셈과 뺄셈

6, 7, 8, 9를 가르고 모아요

생각열기 재석이네 가족들은 잔디밭에서 도시락을 먹은 후 다시 동물원을 구경했어요. 하얀 털옷을 입은 양들이 모여 있는 곳에는 사람들이 많았어요. 양들에게 먹이를 주면서 실제로 만져 볼 수 있는 기회를 가질 수 있거든요. 양 우리에는 물 양동이가 두 개 있었는데 **6**마리의 양은 어떤 물동이에서 물을 먹을까요?

활동 1 양 6마리를 두 곳의 물 양동이로 나누려고 해요. 양 6마리를 둘로 가르면 어떻게 가를 수 있을까요?

1마리와 5마리로 나눌 수 있어요.

(1, 5), (5, 1)처럼 앞뒤가 바뀌는 경우는 서로 다른 방법이야.

💬 또 다른 방법으로 가를 수 있는지 알아볼까요?
[2] 마리와 [4] 마리, [3] 마리와 [3] 마리, [4] 마리와 [2] 마리, [5] 마리와 [1] 마리로 나눌 수 있어요.

💬 6을 두 수로 갈라 써 볼까요?
(1, 5), (2, 4), (3, 3), (4, 2), (5, 1)이에요.

💬 재석이는 양 옆에 살고 있는 오리, 토끼, 미어캣을 나누어 보기로 했어요. 동물들을 여러 가지 방법으로 갈라 볼까요?

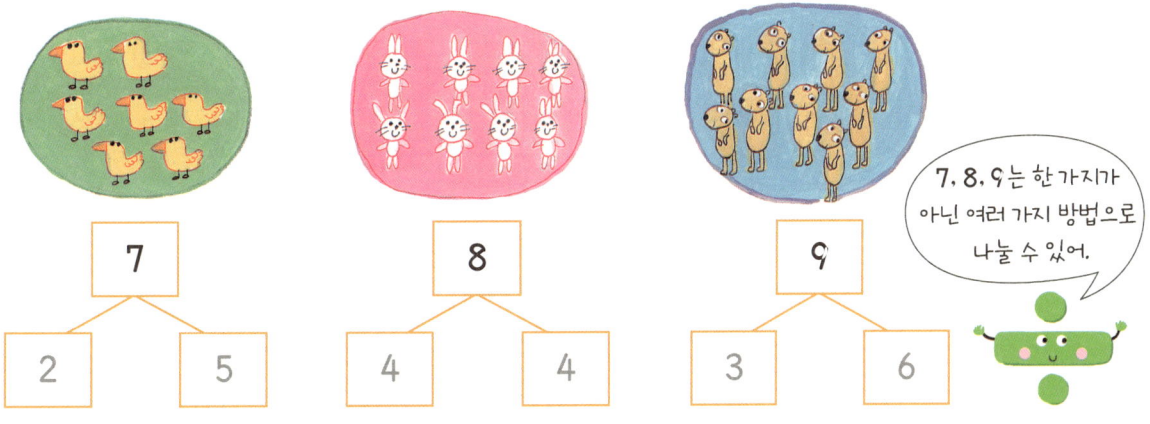

7, 8, 9는 한 가지가 아닌 여러 가지 방법으로 나눌 수 있어.

활동 2 재석이는 우리 안에 있는 여러 동물들의 수를 모아 보기로 했어요.

사자는 몇 마리씩 있나요?
왼쪽에 2마리, 오른쪽에 4마리가 있어요.
사자를 모두 모으면 6마리예요.
호랑이는 몇 마리씩 있나요?
왼쪽에 5마리, 오른쪽에 3마리가 있어요.
호랑이를 모두 모으면 8마리예요.
원숭이는 몇 마리씩 있나요?
왼쪽에 6마리, 오른쪽에 3마리가 있어요.
원숭이를 모두 모으면 9마리예요.

> **쏙쏙** 두 수로 가를 때, 8의 경우 (1, 7), (7, 1)처럼 앞뒤가 바뀌는 경우는 서로 다른 방법이에요.

두 수를 모아 볼까요?

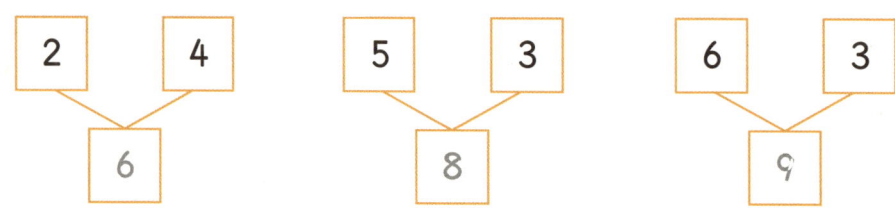

마무리

익히기 문제

1 그림을 보고 빈 곳에 알맞은 수를 써넣으시오.

2 빈 곳에 알맞은 수를 써넣으시오.

정답 **1** 9, 5, 4 / 4, 4, 8 **2** 2, 3 또는 3, 2 / 5

덧셈을 알 수 있어요

생각열기 사육사 아저씨가 코끼리 우리 안에 들어와서 먹이를 놓고 갔어요. 역시 코끼리는 코가 손인가 봐요. 코로 먹이를 집어 먹어요. 멀리 떨어져 있던 코끼리도 먹이를 향해서 걸어오고 있어요. 먹이를 먹고 싶어서예요. 그럼 코끼리 우리 안에 있는 코끼리는 모두 몇 마리일까요?

처음에 코끼리 3마리가 먹이를 먹고 있었는데 2마리가 더 먹이가 있는 쪽으로 다가오고 있어. 그렇다면 코끼리의 수는 많아지는 거니까 이것은 더하기라고 할 수 있어.

재석이가 코끼리가 모두 몇 마리 있는지 그림 카드로 만들어 봤어요.

코끼리가 모두 몇 마리 있는지 식으로 나타내어 볼까요?

3 + 2

이 식을 읽어 볼까요?

3 더하기 2라고 읽습니다.

3 + 2에서 '+'는 '그리고'라는 뜻이 있어요.
즉, 3 그리고 2가 더 있다는 거예요.

더하기 기호는 어떻게 나타내지?

더하기 기호는 '+'로 나타내는 거야.

덧셈식으로 쓰고, 읽어 볼까요?

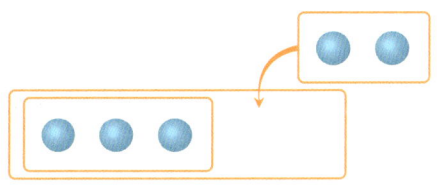

쓰기 : 3 + 2

읽기 : 3 더하기 2

3. 덧셈과 뺄셈 85

활동 2 코뿔소는 코에 커다란 뿔이 나 있어서 코뿔소래요. 겉모습은 뿔이 있어서 사나울 것 같지만 코뿔소도 코끼리처럼 나뭇잎을 먹는 초식 동물이에요. 그림에서 진흙탕에 누워 있는 코뿔소와 나무 그늘에 서 있는 코뿔소들이 보여요. 코뿔소는 진흙탕에 눕거나 나무 밑에 쉬기를 좋아한대요. 하루 종일 서 있으면 다리가 아플 테니까요.

코뿔소가 모두 몇 마리 있는지 식으로 나타내어 볼까요?

3 + 5

이 식을 읽어 볼까요?

3 더하기 5라고 읽습니다.

쓰기: 3 + 5
읽기: 3 더하기 5

덧셈식으로 쓰고, 읽어 볼까요?

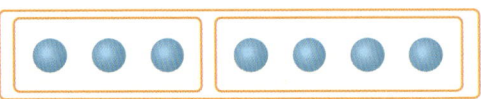

쓰기 : 3 + 4

읽기 : 3 더하기 4

마무리

익히기 문제

1 그림을 보고 덧셈식으로 써 보시오.

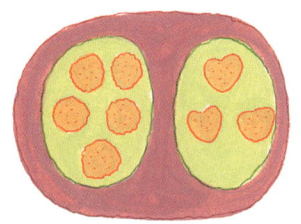   

2 덧셈식 5 + 2를 읽어 보시오.

> **창의 수학!** +(더하기)는 13세기경 이탈리아의 수학자 레오나르도 피사노가 '7 더하기 8'을 '7과 8'로 썼어요. 라틴어로 '과'를 et라고 쓰는데 이것을 흘림체로 쓰다 보니 지금의 모양과 가까워졌다고 해요.

정답 **1** 5 + 3 / 2 + 6 **2** 5 더하기 2

덧셈을 할 수 있어요

생각열기 오리는 주로 땅에서 살지만 물에서 헤엄을 치기도 하지요. 오리의 깃털에는 얇은 기름막이 감싸고 있어서 물에 젖지 않는대요. 동물원 한쪽에 있는 연못에서 오리 5마리가 헤엄을 치고 있어요. 다른 오리 2마리도 헤엄을 치러 연못으로 뒤뚱뒤뚱 걸어와요. 연못에서 헤엄치는 오리들이 기분이 좋은 듯 보여요. 헤엄치러 오는 오리까지 합하면 모두 몇 마리일까요?

오리가 모두 몇 마리인지 구하는 방법은 연못에서 헤엄을 치는 오리의 수에 연못으로 걸어오는 오리의 수를 더하면 돼요.
오리는 모두 몇 마리 있는지 식으로 나타내어 볼까요?

$$5 + 2 = 7$$

이 식을 읽어 볼까요?

> 5 더하기 2는 7과 같습니다.
> 5와 2의 합은 7입니다.

활동 1 오리가 있는 연못 옆에 장미 축제가 열렸어요. 장미꽃은 가시가 있어서 조심해야 하지만 향기가 참 좋아요. 빨간 장미꽃과 노란 장미꽃이 예쁘게 피어 있어요. 장미꽃은 모두 몇 송이일까요?

장미꽃이 모두 몇 송이 있는지 구하는 방법은 빨간 장미꽃의 수와 노란 장미꽃의 수를 더하면 돼요.
장미꽃은 모두 몇 송이가 있는지 세어 볼까요?
8송이가 있어요.

🗨 장미꽃이 모두 몇 송이인지 식으로 나타내어 볼까요?

3 + 5 = 8

🗨 이 식을 읽어 볼까요?

3 더하기 5는 8과 같습니다.
3와 5의 합은 8입니다.

약속하기
• 덧셈식으로 쓰고, 읽기
'3 + 5 = 8'이라 쓰고
'3 더하기 5는 8과 같습니다.'
또는 '3과 5의 합은 8입니다.'로 읽습니다.

🗨 덧셈식으로 쓰고, 읽어 볼까요?

덧셈식 : 2 + 4 = 6

읽기 : 2 더하기 4는 6과 같습니다.
2와 4의 합은 6입니다.

활동 2 재석이네 가족은 아프리카 관으로 향했어요. 아프리카 관의 풀밭에는 사자들이 있어요. 사자의 생김새는 암사자와 수사자가 서로 달라요. 암사자는 머리 주변에 긴 털이 없지만 수사자는 머리 주변에 갈기라고 불리는 긴 털이 있어요.

💬 풀밭에 있는 암사자는 몇 마리 있는지 세어 볼까요?
   4 마리가 있어요.

💬 풀밭에 있는 수사자는 몇 마리 있는지 세어 볼까요?
   0 마리가 있어요.

💬 암사자와 수사자를 모두 합해서 사자가 모두 몇 마리인지 덧셈식으로 써 볼까요?

$$4 + 0 = 4$$

💬 덧셈식으로 써 볼까요?

$$0 + 2 = 2$$

교과서 60~97쪽 | 익힘책 70~97쪽

마무리

익히기 문제

1 덧셈식으로 써 보시오.

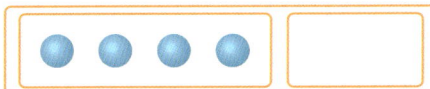   

   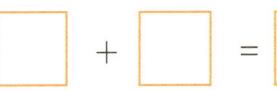

정답 **1** 4, 0, 4 / 0, 3, 3

3. 덧셈과 뺄셈 91

뺄셈을 알 수 있어요

생각열기 얼룩말이 목장에서 풀을 먹기도 하고 뛰어놀기도 하면서 가족끼리 함께 있는 것 같아요. 얼룩말은 몸에 검은색과 흰색 줄무늬가 있어서 줄무늬 옷을 입은 것처럼 멋지게 보여요. 얼룩말 5마리가 모여서 풀을 뜯어 먹고 있어요. 그런데 갑자기 얼룩말들이 뛰어가요. 무슨 일이 생긴 걸까요?

얼룩말 5마리가 우리 안에 함께 있었어. 그런데 2마리가 우리 밖으로 뛰어나갔어. 그렇다면 얼룩말의 수가 적어지니까 이것은 빼기라고 할 수 있어.

활동 1 처음에 얼룩말이 5마리 있었어요. 그리고 우리 밖으로 뛰어나간 얼룩말은 2마리였어요.

남아 있는 얼룩말이 몇 마리인지 식으로 나타내어 볼까요?

5 − 2

이 식을 읽어 볼까요?

5 빼기 2라고 읽습니다.

식을 간단한 그림으로 나타내어 볼까요?

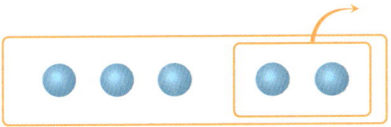

🙂 뺄셈식으로 쓰고, 읽어 볼까요?

쓰기 : 5 − 3

읽기 : 5 빼기 3

활동 2 재석이가 곤충관에 가 보니 나비와 벌이 있어요. 그런데 나비와 벌의 수를 세어 보았더니 똑같지 않아요.

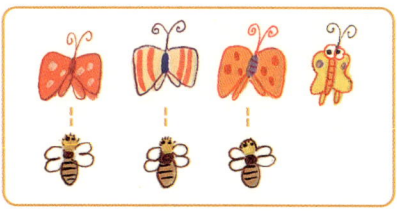

나비는 **4**마리, 벌은 **3**마리가 있어요.
나비가 벌보다 몇 개 많은지 식으로 나타내어 볼까요?

4 – 3

이 식을 읽어 볼까요?

어떤 두 사물을 비교해서 어느 것이 더 많은가 알아보는 경우에도 뺄셈이 필요해.

쓰기: 4 – 3
읽기: 4 빼기 3

4 빼기 3이라고 읽습니다.

🗨 뺄셈식으로 쓰고, 읽어 볼까요?

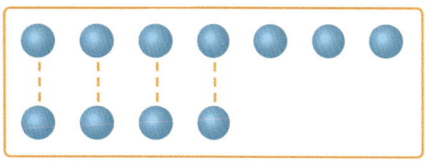

뺄셈식 : 7 – 4

읽기 : 7 빼기 4

마무리

> 1489년 독일의 수학자 비트만이 '모자란다'라는 라틴어 단어 마이너스(minus)라는 약자에서 −(빼기)라는 기호를 만들었어요.

익히기 문제

1 뺄셈식으로 쓰고, 읽어 보시오.

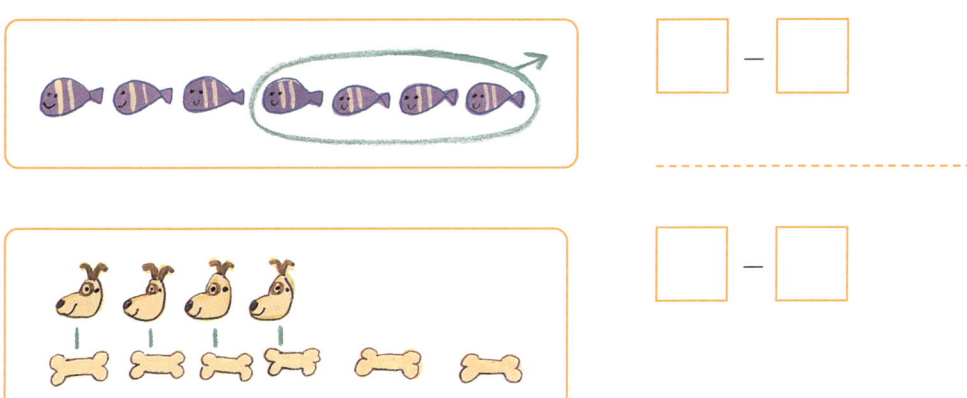

정답 **1** 7, 4, 7 빼기 4 / 6, 4, 6 빼기 4

뺄셈을 할 수 있어요

생각열기 재석이는 동물원 출입구 가까이에서 사막여우를 보았어요. 사막여우는 말 그대로 사막과 같은 더운 지방에서 사는 여우예요. 그래서 열을 밖으로 빨리 내보내기 위해 귀가 큰 거래요. 사막여우가 **7**마리 보였는데 가까이 보려고 다가가니 **4**마리가 굴속으로 들어가서 잘 보이지 않아요. 동굴 밖에 있는 사막여우는 몇 마리일까요?

처음에 있었던 사막여우를 🔵 로 나타내고 동굴 속으로 들어간 사막여우의 수만큼 / 로 그어서 그림으로 나타내어 볼까요?

동굴 밖에 남은 사막여우가 몇 마리인지 식으로 나타내어 볼까요?

$$7 - 4 = 3$$

이 식을 읽어 볼까요?

7 빼기 4는 3과 같습니다.
7과 4의 차는 3입니다.

활동 1 동물 놀이터에 강아지는 **8**마리가 있고, 고양이는 **4**마리가 있어요. 강아지가 고양이보다 많아 보여요. 몇 마리가 더 많은지 한 마리씩 짝을 지어 보았어요. 남는 강아지가 있는 걸 보니 강아지가 고양이보다 많다는 게 확실해요.

강아지를 🔵로, 고양이를 ⚪로 나타내어 하나씩 짝지어 볼까요?

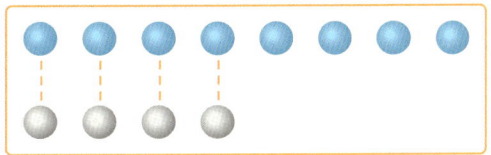

🟠 남은 강아지의 수는 몇 마리인가요?
4마리예요.

🟠 강아지는 고양이보다 몇 마리 더 많은지 뺄셈식으로 나타내어 볼까요?

| 8 | − | 4 | = | 4 |

약속하기

• 얼마나 더 많은지 뺄셈식으로 쓰고, 읽기
 '8−4=4'라고 쓰고, 8 빼기 4는 4와 같습니다, 8과 4의 차는 4입니다.' 라고 읽습니다.

🟠 이 식을 읽어 볼까요?

8 빼기 4는 4와 같습니다.
8과 4의 차 는 4입니다.

활동 2 북극관에서는 울타리 안에 있던 바다표범 3마리가 모두 물속으로 슬며시 들어가더니 한 번에 긴 거리를 헤엄치며 가는 거예요. 재석이는 물속이 깨끗해서 바다표범이 헤엄을 치는 모습을 자세히 관찰할 수 있었어요.

💬 울타리 안에 있던 바다표범은 몇 마리일까요?
 3 마리예요.

💬 바다표범의 수만큼 🔵로 나타내고 물속으로 들어간 바다표범의 수만큼 ╱으로 그어 볼까요?

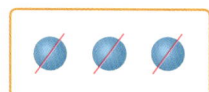

💬 울타리 안에서 헤엄을 치지 않는 바다표범은 몇 마리인가요?
 0 마리예요.

💬 물 밖에 남아 있는 바다표범의 수를 뺄셈식으로 나타내어 볼까요?

3 − 3 = 0

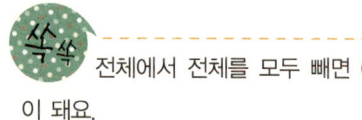
쏙쏙 전체에서 전체를 모두 빼면 0이 돼요.

마무리

익히기 문제

전체에서 전체를 모두 빼면 0이야.
⇒ ☆ − ☆ = 0
전체에서 0을 빼면 그 값은 변하지 않아.
⇒ ☆ − 0 = ☆

1 뺄셈식으로 쓰고, 읽어 보시오.

정답 **1** 9, 4, 5 / 9 빼기 4는 5와 같습니다. 9와 4의 차는 5입니다.

덧셈식과 뺄셈식을 알 수 있어요

생각열기 언덕 위의 울타리 안을 보았더니 보이지 않던 수사자가 보여요. 재석이는 갈기가 멋있게 보이는 사자는 멀리서 봐도 동물의 왕처럼 느껴졌어요. 그런데 왜 수사자는 사냥을 하지 않고 암사자들만 사냥을 할까요? 사냥한 먹이도 수사자가 먹고 나면 암사자와 새끼들이 먹는대요.

수사자는 ●로, 암사자는 ●로 나타내어 볼까요?

●●	●●●●
수사자	암사자

활동 1 재석이는 수사자와 암사자가 함께 사냥을 하면 좋겠다고 생각했어요.

💬 울타리 안의 사자가 모두 몇 마리인지 덧셈식으로 나타내어 볼까요?

$$2 + 4 = \boxed{6}$$

💬 암사자의 수를 나타내는 뺄셈식으로 나타내어 볼까요?

$$6 - 2 = \boxed{4}$$

암사자의 수를 구하는 뺄셈식을 만들 수 있는 방법은 전체 사자의 수에서 수사자의 수를 빼 주면 돼요.

💬 수사자의 수를 나타내는 뺄셈식으로 나타내어 볼까요?

$$6 - 4 = \boxed{2}$$

수사자의 수를 구하는 뺄셈식을 만들 수 있는 방법은 전체 사자의 수에서 암사자의 수를 빼 주면 돼요.

이처럼 덧셈식으로 뺄셈식을 만들 수 있어요.

$$2 + 4 = 6 \quad \begin{cases} 6 - 2 = 4 \\ 6 - 4 = 2 \end{cases}$$

활동 2 재석이네 가족은 새들이 모여 있는 조류관에서 해오라기를 보았어요. 해오라기는 여름에 우리나라에 찾아왔다가 가을이 되면 다른 나라로 떠나는 여름 철새로 밤에 주로 다닌대요. 나뭇가지에 있던 5마리 중에서 1마리가 다른 곳으로 날아가요.

💬 남아 있는 해오라기는 몇 마리인지 뺄셈식으로 나타내어 볼까요?

$$5 - 1 = 4$$

나무 위에 앉아 있던 해오라기의 수에서 날아가는 해오라기의 수를 빼면 남아 있는 해오라기의 수를 구할 수 있어요.

💬 날아가는 새는 몇 마리인지 뺄셈식으로 나타내어 볼까요?

$$5 - 4 = 1$$

나무 위에 앉아 있던 해오라기의 수에서 나뭇가지에 남아 있는 해오라기의 수를 빼면 날아가는 해오라기의 수를 구할 수 있어요.

💬 처음에 있던 해오라기의 수를 덧셈식으로 나타내어 볼까요?

$$1 + 4 = 5 \quad \text{또는} \quad 4 + 1 = 5$$

마무리

익히기 문제

1 덧셈식을 보고 뺄셈식을 만들어 보시오.

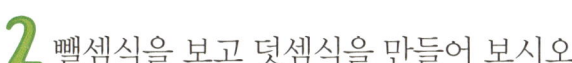

덧셈식을 뺄셈식으로 바꾸기
○+△=□ ⇒ □−○=△, □−△=○

뺄셈식을 덧셈식으로 바꾸기
○−△=□ ⇒ □+△=○, △+□=○

2 뺄셈식을 보고 덧셈식을 만들어 보시오.

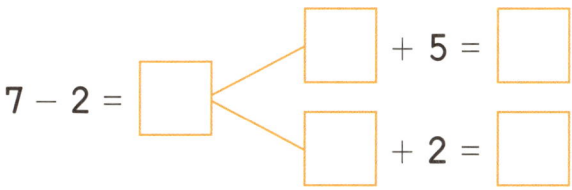

정답 **1** 9 / 9, 3 / 9, 6 **2** 5 / 2, 7 / 5, 7

□가 있는 덧셈식과 뺄셈식을 만들 수 있어요

생각열기 재석이는 예전부터 토끼를 기르고 싶었어요.
그래서 토끼가 있는 곳에서 토끼를 유심히 관찰했어요.
재석이는 토끼의 모든 눈은 빨간색이라고 생각했는데 동물원에서 본 토끼는 빨갛지 않았어요.
토끼를 보았을 때는 처음 7마리가 있었는데 재석이가 부모님과 이야기하는 사이 5마리가 되었어요.
재석이는 토끼 집 안으로 몇 마리의 토끼가 들어간 것인지 궁금해졌어요.

토끼가 처음에는 7마리가 있었어요.
그런데 지금 토끼 집 밖에 있는 토끼는 5마리예요.
그리고 토끼 집 안이 보이지 않아 토끼 집 안에 몇 마리 토끼가 있는지 몰라요.

교과서 60~97쪽 | 익힘책 70~97쪽

활동 1 재석이는 토끼 집 안을 볼 수 없어서 몇 마리가 들어갔는지 알 수 없어요. 토끼 집에 있는 토끼들을 그림으로 나타내면 다음과 같아요.

5   ?   7

💬 토끼 집 안에 있는 토끼의 수를 어떻게 나타내면 좋을까요?
□로 나타내면 좋아요.

모르는 수를 □로 놓으면 식을 만들기 좋아.

토끼 집 안에 들어가 있는 토끼의 수를 □라고 하고 전체 토끼의 수를 나타내려면 토끼 집 밖에 있는 토끼 5마리와 토끼 집 안에 있는 토끼 □를 모두 합하면 7마리이므로 덧셈식으로 나타낼 수 있어요.

💬 □를 사용하여 덧셈식을 만들어 볼까요?

5 + □ = 7

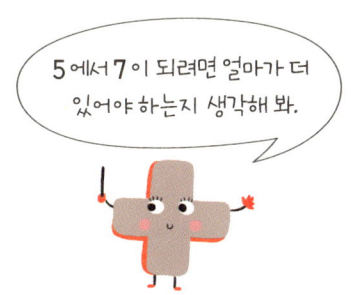

5에서 7이 되려면 얼마가 더 있어야 하는지 생각해 봐.

💬 토끼 집 안에는 토끼가 몇 마리 있을까요?
2 마리가 있어요.

3. 덧셈과 뺄셈

활동 2 도토리가 9개 있어요. 재석이는 딱딱한 도토리를 먹고 있는 다람쥐를 보았어요. 다람쥐는 이빨이 계속 자라기 때문에 딱딱한 먹이를 먹어야 한대요.

🗨 재석이는 다람쥐가 몇 개의 도토리를 먹었는지 궁금했어요. 다람쥐가 먹은 도토리의 수를 ☐라고 하고 남은 도토리의 수를 나타내어 볼까요?

도토리 9개에서 다람쥐가 ☐개를 먹었더니 5개가 남았으므로 덧셈식으로 나타낼 때처럼 뺄셈식으로 나타낼 수 있어요.

🗨 ☐를 사용하여 뺄셈식으로 만들어 볼까요?

9 - ☐ = 5

🗨 다람쥐가 먹은 도토리는 몇 개일까요?
  4 개예요.

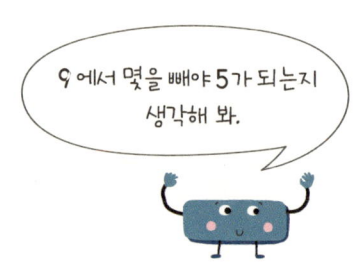

9에서 몇을 빼야 5가 되는지 생각해 봐.

마무리

> 창의수학! 모르는 수를 □라 놓고 덧셈식을 만들면 다음과 같아요.
> ⇒ ○+□=△, □를 구하려면 뺄셈식 △-○=□로 구할 수 있어요.
> 반대로 뺄셈식 □-△=○, □를 구하려면 덧셈식 △+○=□로 구할 수 있어요.

익히기 문제

1 □가 있는 덧셈식을 만들어 보시오.

2 □가 있는 뺄셈식을 만들어 보시오.

> 사과가 몇 개 있습니다. 그중에서 **4**개를 먹었더니 **5**개가 남았습니다.

정답 **1** □+3=5 **2** □-4=5

두 수를 바꾸어 더할 수 있어요

생각열기 재석이는 보라색 풍선 2개와 빨간색 풍선 4개를 가지고 있고, 지희는 파란색 풍선 4개와 노란색 풍선 2개를 가지고 있어요. 재석이와 지희 중 누가 풍선을 더 많이 가지고 있나요?

교과서 60~97쪽 | 익힘책 70~97쪽

활동 1 재석이가 가지고 있는 풍선의 수만큼 ● 로 나타내어 볼까요?

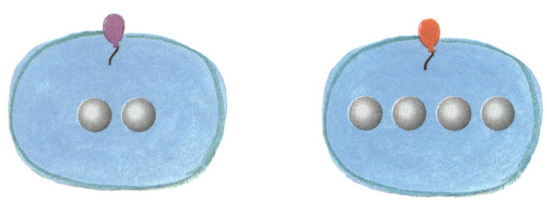

재석이가 가지고 있는 보라색 풍선은 2 개예요.
재석이가 가지고 있는 빨간색 풍선은 4 개예요.

재석이가 가지고 있는 풍선을 합하면 모두 몇 개인지 그림으로 나타내면 다음과 같아요.

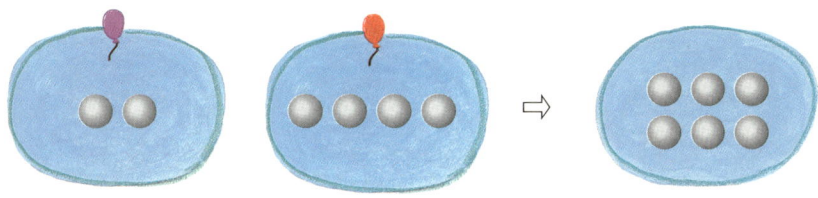

보라색 풍선의 개수와 빨간색 풍선의 개수를 합하면 재석이가 가지고 있는 풍선의 개수를 알 수 있어요.

🗨 재석이의 풍선은 모두 몇 개인지 덧셈식을 써 볼까요?
2 + 4 = 6이에요.

🗨 지희가 가지고 있는 풍선의 수만큼 ● 로 나타내어 볼까요?

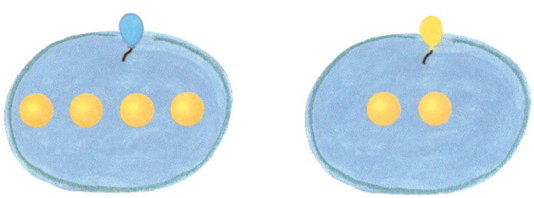

지희가 가지고 있는 파란색 풍선은 4 개예요.
지희가 가지고 있는 노란색 풍선은 2 개예요.

3. 덧셈과 뺄셈 109

지희가 가지고 있는 풍선을 합하면 모두 몇 개인지 그림으로 나타내면 다음과 같아요.

파란색 풍선의 개수와 노란색 풍선의 개수를 합하면 지희가 가지고 있는 풍선의 개수를 알 수 있어요.

😊 지희의 풍선은 모두 몇 개인지 덧셈식을 써 볼까요?
4 + 2 = 6입니다.

😊 재석이와 지희 중 누가 풍선을 더 많이 가지고 있다고 할 수 있을까요?
둘 다 6개를 가지고 있으므로 재석이와 지희가 가진 풍선의 개수는 같아요.
이렇듯 '2+4=6, 4+2=6'이므로 4 와 2 를 바꾸어 더해도 결과는 6 으로 같아요.

덧셈에서는 두 수를 바꾸어 더해도 합은 항상 같아.
1 + 2 = 3
2 + 1 = 3

😊 두 수를 바꾸어 더해 볼까요?

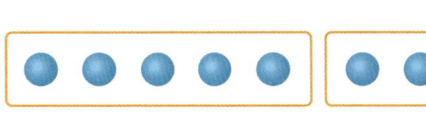  5 + 2 = ☐

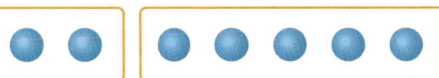 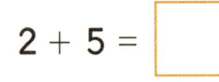 2 + 5 = ☐

마무리

익히기 문제

1 그림을 보고 두 수를 바꾸어 더해 보시오.

  $3 + 4 = \boxed{}$

  $4 + 3 = \boxed{}$

2 ☐ 안에 알맞은 수를 써넣으시오.

$5 + 4 = \boxed{}$ $4 + 5 = \boxed{}$

문제를 풀어 봅시다

01 빈칸에 알맞은 수만큼 ○를 그려 보시오.

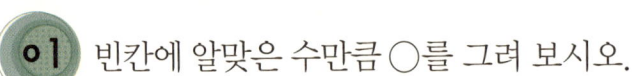

02 빈칸에 알맞은 수를 써넣으시오.

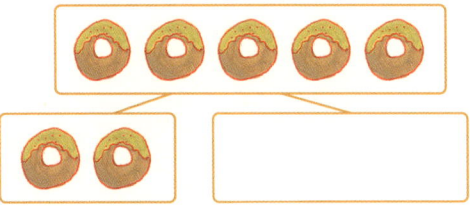

※ 그림을 보고 물음에 답하시오. (03~04)

03 튤립은 모두 몇 송이인지 덧셈을 하시오.

☐ + ☐ = ☐

04 위의 덧셈을 보고 노란색 튤립의 수를 나타내는 뺄셈을 하시오.

☐ - ☐ = ☐

05 그림을 보고 덧셈식 두 개를 만들어 보시오.

☐ + ☐ = ☐ 또는 ☐ + ☐ = ☐

06 ☐를 사용하여 문제에 알맞은 식을 만들고, ☐의 값을 구하시오.

암사자 5마리가 있습니다. 암사자가 새끼 몇 마리를 낳아 사자가 모두 9마리가 되었습니다.

알맞은 식 : _____

☐의 값 : _____

07 ☐를 사용하여 문제에 알맞은 식을 만들고, ☐의 값을 구하시오.

머핀이 6개 있습니다. 그중에 몇 개를 먹었더니 3개가 남았습니다.

알맞은 식 : _____

☐의 값 : _____

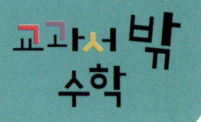 

덧셈을 할까, 뺄셈을 할까?

친구와 함께 재미있는 숫자를 더하고 빼면서 주사위놀이를 해 봐요.

- **인원** 2명
- **준비물** 주사위 2개(0~5), 놀이판, 색연필(2가지 색)

놀이방법

1. 두 학생이 가위바위보를 하여 이긴 사람이 먼저 주사위 2개를 던져요.
2. 던져 나온 주사위의 숫자를 확인하고 덧셈과 뺄셈을 하여 계산한 값을 찾아 놀이판에 색칠해요.
3. 전체 칸을 다 색칠하게 되면 더 많은 칸을 색칠한 사람이 이기게 돼요.

예)

$4+3=7$
$3+4=7$
$4-3=1$

⇨

0	1	2	3	4	5
1	2	3	4	5	6
2	3	4	5	6	7
3	4	5	6	7	8
4	5	6	7	8	9
5	6	7	8	9	

4+3=7, 3+4=7,
4-3=1 이 되므로 7과 1에
해당되는 칸에 한 칸씩 색칠해.

🐙 다음 놀이판으로 놀이를 해 봐요.

0	1	2	3	4	5
1	2	3	4	5	6
2	3	4	5	6	7
3	4	5	6	7	8
4	5	6	7	8	9
5	6	7	8	9	

> 덧셈은 두 가지 방법으로 계산할 수 있지만 뺄셈은 큰 수에서 작은 수를 빼야 해. 즉, 3-4는 계산할 수 없어.

이렇게도 놀아 봐요

1. 빙고 놀이로 일정한 모양을 만드는 사람이 이기는 방법
   (1자 빙고, ㄱ자 빙고, ㄴ자 빙고, ㄹ자 빙고, ㅁ자 빙고)
2. 두 개의 주사위를 굴려 나오는 두 숫자와 덧셈과 뺄셈을 하여 나온 결과 모두 색칠하게 하는 놀이 방법

3. 덧셈과 뺄셈

4 비교하기

- 길이를 비교할 수 있어요
- 높이와 키를 비교할 수 있어요
- 무게를 비교할 수 있어요
- 넓이를 비교할 수 있어요
- 들이를 비교할 수 있어요

윤지와 지호는 자연 생태 공원으로 나들이를 왔어요.
윤지와 지호는 무엇이든 비교하기를 좋아하는 친구들이에요.
어떤 곤충의 몸이 더 길까요?
가장 높은 나무는 어디에 있을까요?
동물들 중 가장 가벼운 동물은 누구일까요?
윤지와 지호랑 함께 알아볼까요?

길이를 비교할 수 있어요

생각 열기 윤지와 지호는 곤충을 아주 좋아하는 친구들이다 보니 제일 먼저 곤충 전시실로 달려갔어요.

곤충 전시실은 여러 종류의 곤충을 관찰하고 탐구할 수 있는 곳이에요. 윤지와 지호는 왕사슴벌레와 애사슴벌레를 관찰하고 있어요.

왕사슴벌레와 애사슴벌레는 비슷하게 생겼어.

곤충은 머리, 가슴, 배로 나누어져.

곤충

사슴벌레

왕사슴벌레

애사슴벌레

활동 ❶ 윤지와 지호는 왕사슴벌레와 애사슴벌레의 몸의 길이를 비교해 보기로 했어요. 몸의 길이가 더 긴 것은 어느 것인가요?

💬 두 사슴벌레의 몸의 길이를 어떻게 비교하면 될까요?
눈으로 보아도 어느 사슴벌레의 몸의 길이가 더 긴지 비교할 수 있어요.

💬 또, 어떤 방법이 있을까요?
두 사슴벌레를 직접 맞대어 비교해 보는 방법도 있어요.

이때, 아래와 같이 한쪽 끝을 맞추어 길이를 비교해 보아야 해요.

왕사슴벌레의 몸의 길이가 더 길어요.
애사슴벌레의 몸의 길이가 더 짧아요.

두 가지 대상의 길이를 비교할 때는 '더 길다, 더 짧다'라고 해요.

활동 2 윤지는 필통 속에 있는 물건 중 세 가지를 골라 길이를 비교해 보려고 해요.

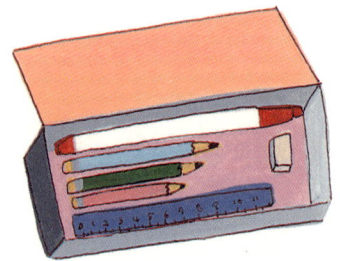

먼저 연필 3자루를 꺼냈어요. 연필 3자루의 길이를 어떻게 비교할 수 있을까요?
눈으로 확인할 수도 있고, 한쪽 끝을 맞추어 맞대어 비교할 수 있어요.

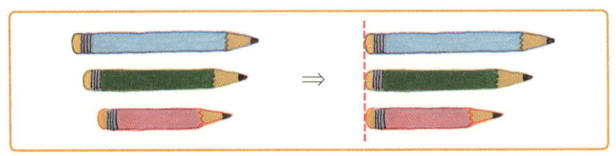

💬 연필의 길이가 가장 긴 것은 어느 것일까요?
하늘색 연필이 가장 길어요.

💬 어느 것의 길이가 가장 짧은가요?
분홍색 연필이 가장 짧아요.

이번에는 색연필, 자, 지우개를 꺼냈어요.

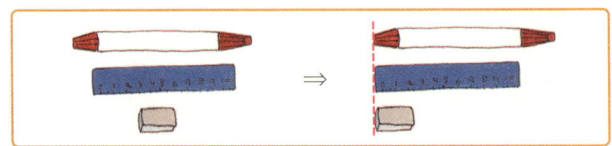

💬 세 가지 물건 중에서 가장 긴 것은 어느 것일까요?
색연필이 가장 길어요.

💬 어느 것의 길이가 가장 짧을까요?
지우개가 가장 짧아요.

쏙쏙 길이가 비슷하여 눈으로 보아도 길이를 비교할 수 없을 때는 한쪽 끝을 맞추어 서로 길이를 비교해 보는 것이 좋아요.

세 가지 대상의 길이를 비교할 때는 '가장 길다, 가장 짧다'라고 해요.

마무리

익히기 문제

1 볼펜과 크레용 중에서 더 짧은 것에 ○표 하시오.

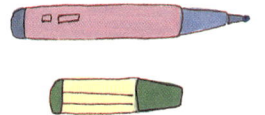

> **창의 수학!** 책꽂이에 책을 가지런히 정리할 때도 책의 길이를 비교하여 정리하면 더욱 깔끔하게 정리할 수 있어요. 또 물건을 상자나 가방에 차곡차곡 넣을 때도 길이를 비교하면 좋아요.

2 맞는 것끼리 선으로 이으시오.

· 가장 길다

· 가장 짧다

정답 **1** 크레용 **2** 빨대 – 가장 길다, 포크 – 가장 짧다

높이와 키를 비교할 수 있어요

생각 열기 윤지와 지호는 탑 쌓기 놀이를 하려고 나무 놀이실에 가고 있어요.

그림에 보이는 건물 중 높이가 더 높은 건물에 나무 놀이실이 있어요. 어떤 건물에 나무 놀이실이 있을까요?

오른쪽에 있는 건물이 왼쪽 건물보다 더 높아요. 그렇다면 나무 놀이실은 바로 오른쪽 건물이에요.

층수가 많으면 더 높은 건물일까?

때로는 층수가 적은 건물이 더 높을 수도 있어.

활동 1   윤지와 지호는 나무 놀이실에서 쌓기나무를 이용하여 탑을 쌓고 있어요.

🗨 윤지와 지호가 쌓은 탑의 높이를 어떻게 비교할 수 있을까요?
길이를 비교하는 것과 같이 높이 차이가 많이 날 때는 눈으로 바로 확인할 수 있어요. 그리고 높이 차이가 많이 나지 않으면 직접 맞대어 보는 방법도 있어요.
지호가 쌓은 탑이 윤지가 쌓은 탑보다 더 　높아요　.
윤지가 쌓은 탑이 지호가 쌓은 탑보다 더 　낮아요　.

두 가지 대상의 높이를 비교할 때는 '더 높다, 더 낮다'라고 해요.

활동 2   나무 놀이실에는 나무로 만들어진 집 모양들이 있어요.

🗨 높이가 가장 높은 집은 어느 것인가요?
맨 왼쪽에 있는 　노란색　 지붕 집이 가장 높아요.

🗨 높이가 가장 낮은 집은 어느 것인가요?
가운데 있는 　하늘색　 지붕 집이 가장 낮아요. 하늘색 지붕 집과 빨간색 지붕 집은 둘 다 1층집인데 하늘색 지붕 집이 더 낮아요.

세 가지 대상의 높이를 비교할 때는 '가장 높다, 가장 낮다'라고 해요.

활동 3 윤지와 지호는 나무 놀이실에서 서로 자기 키가 크다며 다투는 준하와 은하를 봤어요. 그래서 발바닥을 바닥에 대고 몸을 바르게 하여 직접 맞대어 키를 비교해 보라고 했어요.

💬 준하와 은하 중에서 누구의 키가 더 클까요?
 준하 의 키가 더 커요.

💬 준하와 은하 중에서 누구의 키가 더 작나요?
 은하 의 키가 더 작아요.

두 사람의 키를 비교할 때는 '더 크다, 더 작다'라고 해요.

💬 윤지와 지호가 나무 놀이실에서 동물 친구들의 키를 비교하기로 했어요. 코끼리, 기린, 사슴 중 어떤 동물의 키가 가장 크고 가장 작을까요?

 기린 이 가장 커요.
 사슴 이 가장 작아요.

세 동물의 키를 비교할 때는 '가장 크다, 가장 작다'라고 해요.

익히기 문제

1 맞는 것끼리 선으로 이으시오.

창의수학! 높이와 키는 언제 비교해야 할까요?
가장 높은 건물을 찾을 때 높이를 비교해야 해요. 또는 교실에서 친구들의 키를 비교하여 키 순서대로 줄을 설 때 키를 비교하지요.

2 가장 높은 것에 ○표, 가장 낮은 것에 ×표 하시오.

정답 1 첫 번째-높다, 두 번째-낮다, 세 번째-작다, 네 번째-크다
      2 ○표-두 번째, ×표-세 번째

무게를 비교할 수 있어요

생각열기 윤지와 지호는 우리 농산물 전시실에 들어갔어요. 우리 농산물 전시실은 우리나라에서 나는 여러 가지 농산물을 전시해 놓은 곳이에요.

윤지와 지호는 우리 농산물 전시실에서 여러 가지 농산물의 무게를 비교하고 있어요.
윤지가 양손에 참외와 복숭아를 들고 있어요.
지호는 양손에 포도와 사과를 들고 있어요.
이런 농산물은 낱개로 팔지 않고 여러 개가 들어 있는 한 봉지의 무게에 따라 값을 정하여 팔고 있어요.

활동 1 지호가 좋아하는 과일은 자두와 토마토예요. 어떤 과일이 더 무거울까요? 더 가벼울까요? 지호는 자두와 토마토의 무게를 비교해 봤어요.

💬 자두와 토마토 중 어느 것이 더 무거울까요?
손으로 들어 비교할 수 있어요.
손으로 들어 보아도 잘 모르는 경우는 무게를 재는 저울 로 재어 비교하는 방법도 있어요.
무게를 비교할 때는 '더 무겁다, 더 가볍다'라고 말해야 해요.
그러므로 '토마토가 자두보다 더 무거워요, 자두는 토마토보다 더 가벼워요'라고 말할 수 있어요.

💬 우리 농산물 전시장에서 나온 윤지와 지호는 신나게 시소를 탔어요. 윤지와 지호 중 누가 더 무거울까요?

윤지는 지호보다 더 무거워요 .
지호는 윤지보다 더 가벼워요 .

두 가지 대상의 무게를 비교할 때는 '더 무겁다, 더 가볍다'라고 해요.

4. 비교하기　127

활동 2 윤지는 자연 생태 공원에 여러 가지 물건을 가지고 왔어요. 그중 무게를 비교할 수 있는 가방, 필통, 모자가 있어요. 윤지는 이 세 가지 물건의 무게를 비교해 보려고 해요.

🗨 가방, 필통, 모자의 무게를 어떻게 비교할 수 있을까요?
 두 가지씩 손으로 들어 보고 비교하는 방법이 있어요.

🗨 가방과 필통을 비교해 볼까요?
가방은 필통보다 더 무거워요. 필통 은 가방보다 더 가볍다고 말할 수 있어요.

🗨 필통과 모자를 비교해 볼까요?
 필통 이 모자보다 더 무거워요. 모자는 필통보다 더 가볍다고 말할 수 있어요.

물건의 무게를 비교할 때 주의할점을 생각해 봐.

세 가지 물건 중 가방은 필통보다 무겁고, 필통은 모자보다 무겁다는 것을 알 수 있어요.

가방, 필통, 모자 중 가방 이 가장 무거워요.
가방, 필통, 모자 중 모자 가 가장 가벼워요.

쏙쏙 무게는 모양이나 크기만으로는 판단할 수 없어요. 그래서 직접 들어 보거나 저울을 사용하여 무게를 비교해 볼 수 있어요.

세 가지 대상의 무게를 비교할 때는 '가장 무겁다, 가장 가볍다'라고 해요.

마무리

익히기 문제

1 더 가벼운 쪽에 ◯표 하시오.

풍선   야구공

> **창의수학!** 언제 무게를 비교해야 할까요? 과일이나 채소를 살 때 무게와 가격을 비교하며 살 수 있어요. 맛있는 음식을 만들 때도 무게를 재어 비교해요. 신나는 시소 놀이를 할 때도 몸무게를 비교할 수 있어요.

2 가장 무거운 가방과 가장 가벼운 가방은 누구의 것입니까?

- 준하와 준서의 가방 중 준하의 가방이 더 무겁습니다.
- 준서와 민우의 가방 중 민우의 가방이 더 가볍습니다.

정답 **1** 풍선 **2** 가장 무거운 가방–준하 / 가장 가벼운 가방–민우

넓이를 비교할 수 있어요

생각 열기 윤지와 지호는 친구들에게 줄 카드를 꾸미기 위해 숲 속에서 나뭇잎을 주워 왔어요.

종이에 나뭇잎을 붙여 카드를 만들 거예요.
카드에 붙일 나뭇잎의 크기는 어느 정도가 좋을까요?
카드보다 나뭇잎이 크면 나뭇잎이 삐져 나와 보기에 좋지 않아요.
카드보다 크지 않은 나뭇잎을 이용해야 카드를 예쁘게 꾸밀 수 있어요. 또 카드 봉투에 넣을 수 있는 정도의 크기가 좋아요.

활동 1 윤지와 지호는 떡갈나무의 잎과 아까시나무의 잎을 주웠어요. 두 나뭇잎 중 넓이가 더 넓은 것은 어느 것일까요? 윤지는 두 나뭇잎의 넓이를 비교해 보기로 했어요.

떡갈나무 잎

아까시나무 잎

💬 두 나뭇잎의 넓이는 어떻게 비교하면 될까요?

눈으로 확인해 보아도 두 나뭇잎 중 어느 나뭇잎의 넓이가 　더　 넓은지 알 수 있어요.

또 직접 맞대어 겹쳐 보는 방법도 있어요. 더 넓어 보이는 것 위에 좁아 보이는 것을 올려놓아 보면 돼요.

💬 어느 것이 더 넓은가요?

　떡갈나무　의 잎이 아까시나무의 잎보다 더 넓어요.

💬 어느 것이 더 좁은가요?

　아까시나무　의 잎이 떡갈나무의 잎보다 더 좁아요.

두 가지 대상의 넓이를 비교할 때는 '더 넓다, 더 좁다'라고 해요.

활동 2 지호의 가방 속에는 여러 가지 물건이 많아요. 그중 넓이를 비교할 수 있는 종합장, 수첩, 스케치북을 꺼냈어요. 지호는 이 세 가지 물건의 넓이를 비교해 보려고 해요.

💬 종합장, 수첩, 스케치북 중 어떤 것이 가장 넓은지 직접 겹쳐 볼까요?

💬 가장 넓은 것은 어느 것일까요?
　스케치북　의 넓이가 가장 넓어요.

💬 어느 것의 넓이가 가장 좁을까요?
　수첩　의 넓이가 가장 좁아요.

두 물건을 포개었을 때 남는 쪽이 더 넓어.

세 가지 대상의 넓이를 비교할 때는 '가장 넓다, 가장 좁다'라고 해요.

마무리

익히기 문제

1 넓이가 더 넓은 것에 ○표 하시오.

2 가장 넓은 것에 ○표 하시오.

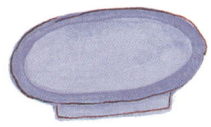  

> 창의 수학! 사진에 맞는 액자를 고를 때, 사진과 액자의 넓이를 비교하지요. 이때, 사진보다 액자의 넓이가 약간 더 넓어야 해요. 또 맛있는 음식을 담을 접시를 고를 때도 음식과 접시의 넓이를 비교해 봐야 해요.

정답 1 오른쪽   2 첫 번째

들이를 비교할 수 있어요

생각열기 윤지와 지호는 집에서 어항에 물고기를 키우기로 했어요. 어항을 예쁘게 꾸며 주어 물고기들이 편안하게 지낼 수 있도록 해 주려고 해요. 냇가에 가서 어항 꾸미기에 필요한 것들을 어항에 넣으며 어항 꾸미기를 하고 있어요.

어항 속에는 크고 작은 돌과 모래가 담겨 있어요.
물속에 사는 식물도 보여요.
윤지와 지호가 가지고 있는 어항의 모양과 크기는 같아요.
이렇게 모양과 크기가 같은 어항 속에 담겨 있는 물의 양은 물의 높이로 비교할 수 있어요.

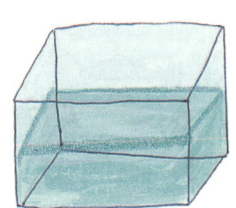 

오른쪽 어항에 담겨진 물의 높이가 더 높기 때문에 오른쪽에 물이 더 많이 들어 있어.

활동 1 며칠 후 윤지와 지호는 두 어항 중 어느 어항에 더 많은 물을 담을 수 있는지 궁금했어요. 두 어항의 모양과 크기가 달랐거든요.

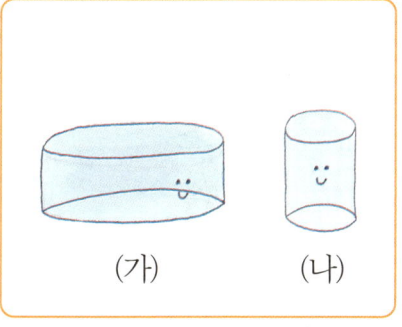

💬 두 어항 중 어느 쪽에 더 많은 물을 담을 수 있을까요?
모양과 크기가 다른 두 어항에 담을 수 있는 물의 양을 비교할 때는 물을 더 적게 담을 수 있다고 생각하는 어항에 물을 가득 담은 후, 다른 쪽 어항에 부어 보면 돼요.

(가) 어항이 (나) 어항보다 물을 더 많이 담을 수 있어요.
어항과 같은 그릇에 담을 수 있는 양을 '들이'라고 해요.
들이를 비교할 때는 '더 많다, 더 적다'로 말해요.
(가) 어항에 담겨 있는 물의 양이 더 많아요.
(나) 어항에 담겨 있는 물의 양이 더 적어요.

두 가지 그릇의 들이를 비교할 때는 '더 많다, 더 적다'라고 해요.

활동 2 이번에는 모양과 크기가 다른 세 그릇에 담을 수 있는 물의 양을 비교해 보려고 해요. 높이가 가장 높은 것은 (가) 그릇이고, 바닥의 넓이가 가장 넓은 것은 (나) 그릇인데, 물이 가장 많이 들어가는 것은 어떤 그릇일까요?

세 개의 그릇에 담을 수 있는 물의 양을 어떻게 비교해야 할까요?
방금 어항의 들이를 비교했던 것과 같이 하나의 그릇에 물을 가득 담아 다른 그릇에 부어 비교해 보는 방법이 있어요.
더 정확히 비교하기 위해서는 두 개씩 묶어서 비교해 보는 것이 좋아요.

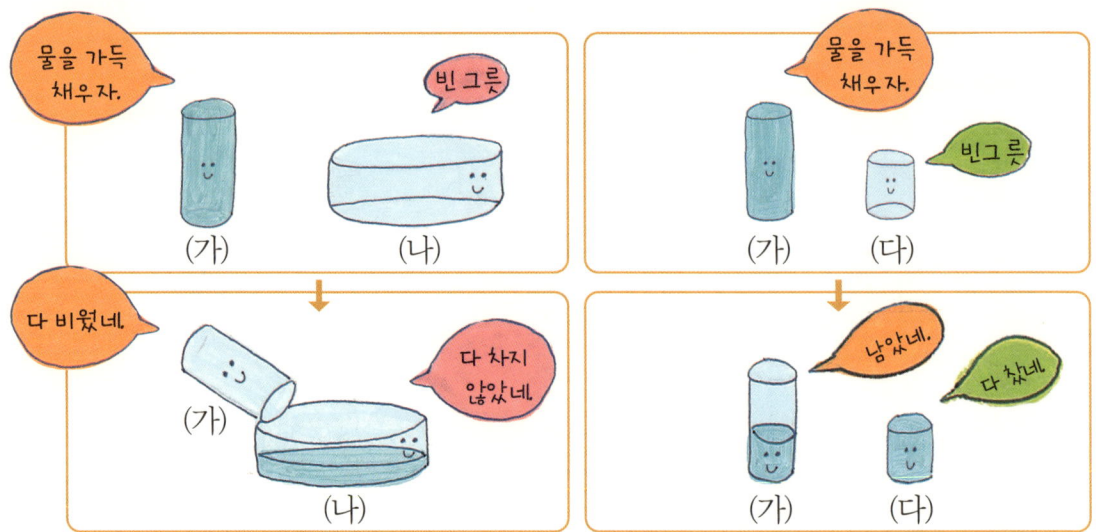

그러므로 세 개의 그릇 중 (나) 그릇에 물을 가장 많이 담을 수 있어요.
(다) 그릇에 물을 가장 적게 담을 수 있어요.

세 가지 그릇의 들이를 비교할 때는 '가장 많다, 가장 적다'라고 해요.

마무리

익히기 문제

1 관계 있는 것끼리 선으로 이으시오.

 • • 많다

 • • 적다

> **창의 수학!** 언제 들이를 비교할까요? 시원하고 맛있는 음료수를 살 때, 들어 있는 음료수의 양을 비교해요. 물을 마실 컵을 고를 때도 들이를 비교해요.

2 물이 가장 많이 들어가는 것에 ○표, 가장 적게 들어가는 것에 △표 하시오.

정답 **1** 위-많다, 아래-적다   **2** ○표-첫번째, △표-세 번째

4. 비교하기   137

문제를 풀어 봅시다

01 그림을 보고 알맞은 말에 ○표 하시오.

수박은 참외보다 더 (무겁습니다, 가볍습니다.)

02 길이가 가장 긴 것부터 차례로 기호를 쓰시오.

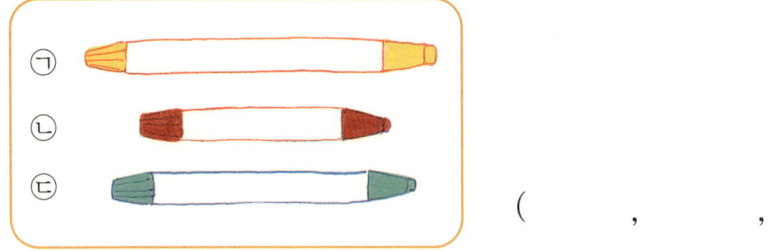

(,   ,   )

03 다음 그림을 보고 보기 의 말을 사용하여 세 그릇의 들이를 비교하는 이야기를 만들어 보시오.

보기
가장 많다,
가장 적다

---

04 공책과 수첩의 넓이를 비교한 것입니다. (   ) 안에 알맞은 말을 써 넣으시오.

공책은 수첩보다 더 (   ).
(   )은 (   )보다 더 좁습니다.

05 다음 중 가장 키가 작은 사람은 누구입니까?

시현이는 범준이보다 키가 큽니다.
범준이는 승찬이보다 키가 작습니다.
승찬이는 시현이보다 키가 큽니다.

(   )

06 세 친구의 몸무게를 비교하여 가장 무거운 사람부터 순서대로 쓰시오.

(,   ,   )

교과서 밖 수학

보물찾기

긴 길보다는 짧은 길을 걸어간 사람이 보물을 빨리 찾을 수 있어.

윤지와 지호는 보물을 찾기 위해 꼬불꼬불한 숲길을 따라가려고 해요.
윤지와 지호 중 누가 더 빨리 보물을 찾을 수 있을까요?

지호

윤지

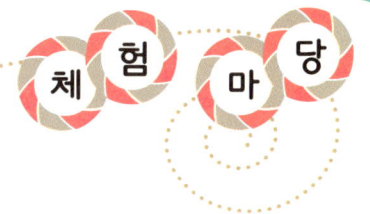

으뜸 뽑기

우리 교실에는 여러 가지 물건들이 많이 있어요. 교실의 물건들을 자유롭게 비교해서 으뜸을 뽑아 봐요. 또, '우리 교실에서'라는 말을 넣어 이야기해 봐요.

- 가장 가벼운 책은 무엇입니까?
- 가장 양이 많은 것은 무엇입니까?
- 가장 짧은 것은 무엇입니까?
- 가장 넓은 것은 무엇입니까?
- 가장 낮은 것은 무엇입니까?

5 50까지의 수

- 10을 알 수 있어요
- 십 몇을 알 수 있어요
- 몇십, 몇십 몇을 알 수 있어요
- 50까지 수의 순서를 알 수 있어요
- 두 수의 크기를 비교할 수 있어요
- 짝수와 홀수를 알 수 있어요

수돌이는 바다 속으로 여행을 떠났어요.
바다 속 친구들과 반갑게 인사를 나눴어요.
돌고래 친구들은 몇 마리일까요?
물고기 친구들은 몇 마리일까요?
해마, 해파리, 가리비 친구들은 몇 마리일까요?
각자 다양한 방법으로 바다 속 친구들이 몇 마리인지 세어 볼까요?

10을 알 수 있어요

생각열기 수돌이가 깊고 넓은 바다 속에서 돌고래 가족들을 만났어요. 돌고래 가족들은 따뜻한 남쪽 나라로 여행을 떠나려고 준비를 하고 있었어요. 이때, 엄마 돌고래가 예쁜 새끼를 한 마리 낳았어요. 새로 태어난 아기 돌고래를 보고 모두들 웃고 있어요.

활동 1 예쁜 새끼 돌고래가 태어나 돌고래 가족이 한 마리 늘어났어요. 돌고래 가족은 모두 몇 마리가 되었나요?

🗨 손으로 짚어 가며 같이 세어 볼까요?

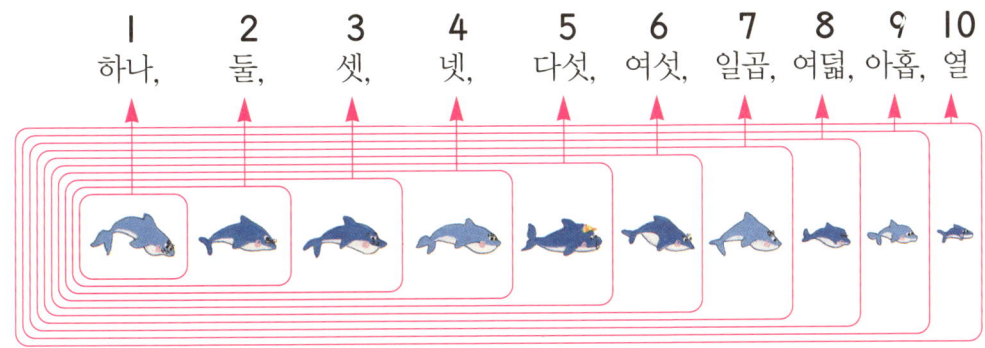

하나, 둘, 셋, 넷, 다섯, 여섯, 일곱, 여덟, 아홉, 열! 돌고래는 모두 10 마리예요.
아기 돌고래 한 마리가 태어나기 전 돌고래 가족은 모두 9마리였는데, 아기 돌고래 한 마리가 태어나 모두 10 마리가 되었어요.

약속하기
9보다 1큰 수를 10이라고 합니다.
10은 십 또는 열이라 읽습니다.

그럼 10은 7보다 몇 큰 수지?

🗨 10은 어떤 수인가요?
9보다 1 큰 수예요.

10	
십	열

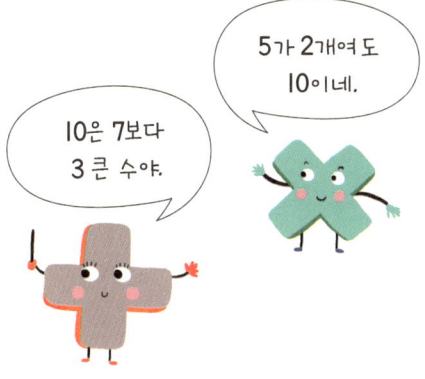
10은 7보다 3 큰 수야.
5가 2개여도 10이네.

활동 2 새로 태어난 예쁜 아기 돌고래 가족의 수를 연결 큐브로 나타낼 수 있어요.

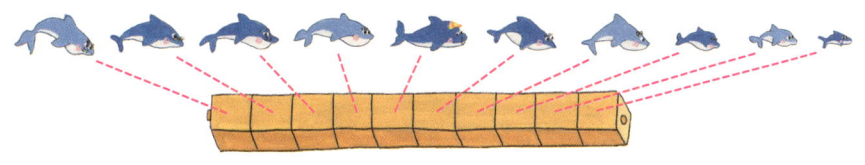

🔸 연결 큐브의 수를 세는 방법을 알아볼까요?

연결 큐브의 수 역시 하나, 둘, 셋, 넷, 다섯, 여섯, 일곱, 여덟, 아홉, 열과 같이 셀 수 있어요. 또 이 연결 큐브의 수를 일, 이, 삼, 사, 오, 육, 칠, 팔, 구, 십과 같이 셀 수도 있어요.

🔸 사과 10개를 세어 볼까요?

한 개, 두 개, 세 개, 네 개, 다섯 개, 여섯 개, 일곱 개, 여덟 개, 아홉 개, 열 개!

🔸 장미 10송이를 세어 볼까요?

한 송이, 두 송이, 세 송이, 네 송이, 다섯 송이, 여섯 송이, 일곱 송이, 여덟 송이, 아홉 송이, 열 송이!

이처럼 물건이나 꽃, 동물의 수를 셀 때는 우리말로 세어 나타내요.

수를 셀 때, ○나 × 등 표시를 하면서 세어야 실수하지 않아요.

마무리

익히기 문제

1 포도는 모두 몇 송이입니까?

☐ 송이

> **창의 수학!**
> 10까지의 수를 거꾸로 셀 수도 있어요.
> ⇨ 열, 아홉, 여덟, 일곱, 여섯, 다섯, 넷, 셋, 둘, 하나!
> ⇨ 십, 구, 팔, 칠, 육, 오, 사, 삼, 이, 일!

2 빈칸에 알맞은 수와 말을 써넣으시오.

1	2	3		5	6	7		9	10
일	이	삼	사			칠	팔	구	십
하나	둘		넷	다섯		일곱	여덟	아홉	

정답 **1** 10 **2** 4, 8, 오, 육, 셋, 여섯, 열

십 몇을 알 수 있어요

생각열기 수돌이는 돌고래 가족과 헤어진 후, 좀 더 깊은 바다 속으로 갔어요. 그곳에서 말처럼 생긴 신기한 바다 동물 해마를 만났어요.
수돌이는 해마 친구들이 모두 몇 마리인지 궁금해 하나씩 세어 보았어요.

해마 친구들은 모두 11마리예요.
10마리에서 1마리가 더 있으니까 11마리예요.

약속하기

10개씩 1묶음과 낱개 1개를 11이라고 합니다. 11은 십일 또는 열하나라고 읽습니다.

11	
십일	열하나

활동 1 수돌이는 해마 친구들에게 주머니 속에 들어 있는 예쁜 구슬들을 꺼내 보여 주었어요. 수돌이가 가진 구슬의 수를 10개씩 묶어 가며 세어 볼까요?

수돌이가 가진 구슬	수		읽기
	11	십일	열하나
	12	십이	열둘
	13	십삼	열셋
	14	십사	열넷
	15	십오	열다섯
	16	십육	열여섯
	17	십칠	열일곱
	18	십팔	열여덟
	19	십구	열아홉

💬 10개씩 1묶음과 낱개 4개는 무엇인가요? 그리고 이 수를 어떻게 읽나요?
  14 , 십사 또는 열넷이라고 읽어요.

💬 10개씩 1묶음과 낱개 7개는 무엇인가요? 그리고 이 수를 어떻게 읽나요?
  17 , 십칠 또는 열일곱이라고 읽어요.

활동 2 해마 친구들과 헤어진 수돌이는 처음 이곳에 왔을 때 만났던 물고기, 불가사리, 조개 친구들과 이야기를 하러 갔어요.

💬 물고기, 불가사리, 조개 친구들은 몇 마리인지 세어 보고 숫자로 쓰고 두 가지 방법으로 읽어 볼까요?

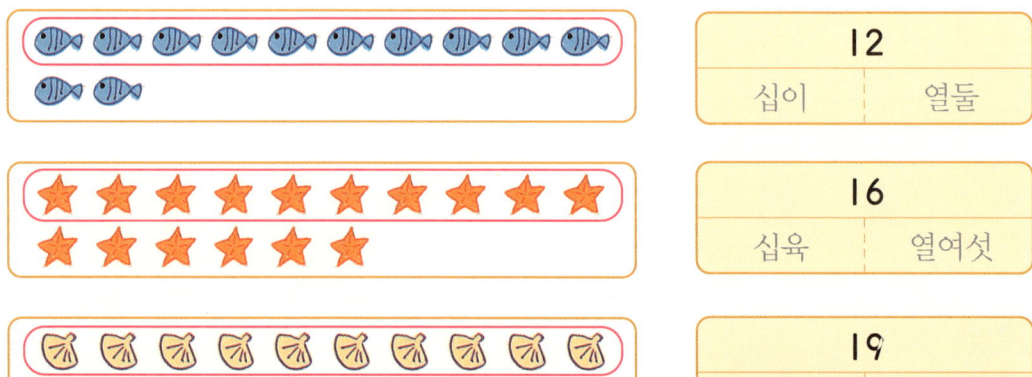

💬 바다 동물들의 수를 셀 때, 10개씩 묶어서 세어 보았나요?

물고기 친구들은 12 마리, 불가사리 친구들은 16 마리, 조개 친구들은 19 마리예요.

12는 십이 또는 열둘, 16은 십육 또는 열여섯, 19는 십구 또는 열아홉이라고 읽어요.

💬 수를 보고 10묶음과 낱개로 나타내어 볼까요?

수	10묶음	낱개
13	1	3
15	1	5
18	1	8

쏙쏙 10은 10씩 묶어 보면 10묶음 1개와 낱개는 없으므로 낱개 0개와 같이 표현할 수 있어요.

마무리

익히기 문제

1 세어 보고 알맞은 수를 써넣으시오.

☐

2 십 묶음과 낱개를 보고 수로 나타내고 읽어 보시오.

10묶음(개)	낱개(개)	수	읽기
1	6		
1	9		

정답 **1** 13 **2** 16, 십육, 열여섯 / 19, 십구, 열아홉

몇십, 몇십 몇을 알 수 있어요

생각열기 수돌이는 고등어 여러 마리가 함께 모여 헤엄을 치는 모습을 봤어요. 고등어 친구들이 모두 몇 마리인지 세어 볼까요?

고등어는 19마리와 1마리가 더 있어요. 고등어를 10마리씩 묶어 보니 2묶음이 되었어요. 10마리씩 2묶음을 수로 나타내면 어떻게 될까요? 수돌이는 너무 궁금했어요.

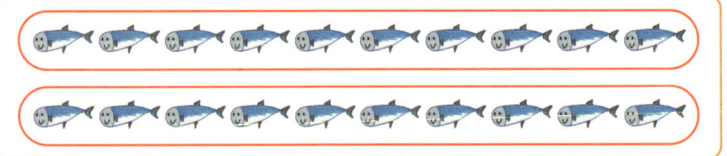

20	
이십	스물

약속하기

10개씩 2묶음을 20이라고 합니다.
20은 이십 또는 스물이라고 읽습니다.

> 교과서 126~155쪽 | 익힘책 126~143쪽

활동 1 수돌이는 옹기종기 바다 속에 모여 있는 열대어, 조개, 복어 친구들도 10씩 묶어서 세어 봤어요. 모두 낱개가 없이 10묶음이 3개, 4개, 5개로 10묶음들만 있어요.

🗨 친구들의 수는 어떻게 나타낼 수 있을까요?

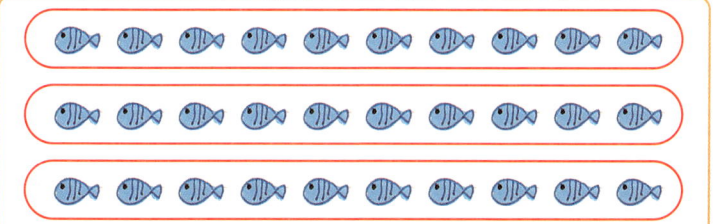
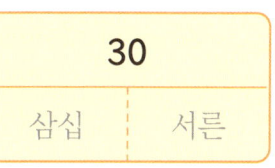

30	
삼십	서른

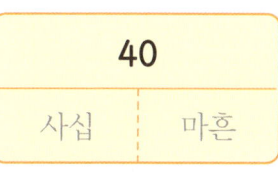

40	
사십	마흔

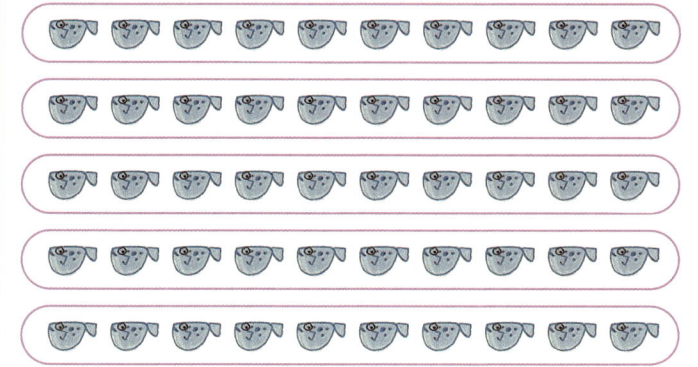
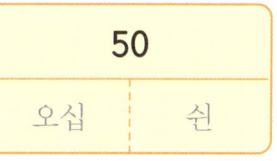

50	
오십	쉰

이처럼 수는 두 가지 방법으로 읽을 수 있어.

활동 2 수돌이는 이번에는 고등어, 열대어, 조개, 복어 친구들의 수를 연결 큐브로 나타내면 어떻게 될지 궁금했어요.

🗨 연결 큐브로 나타내어 볼까요?

연결 큐브 한 개를 동물 친구 1마리로 생각하고 나타낸 후, 연결 큐브 10개가 되면 10개씩 연결하여 나타냈어요.

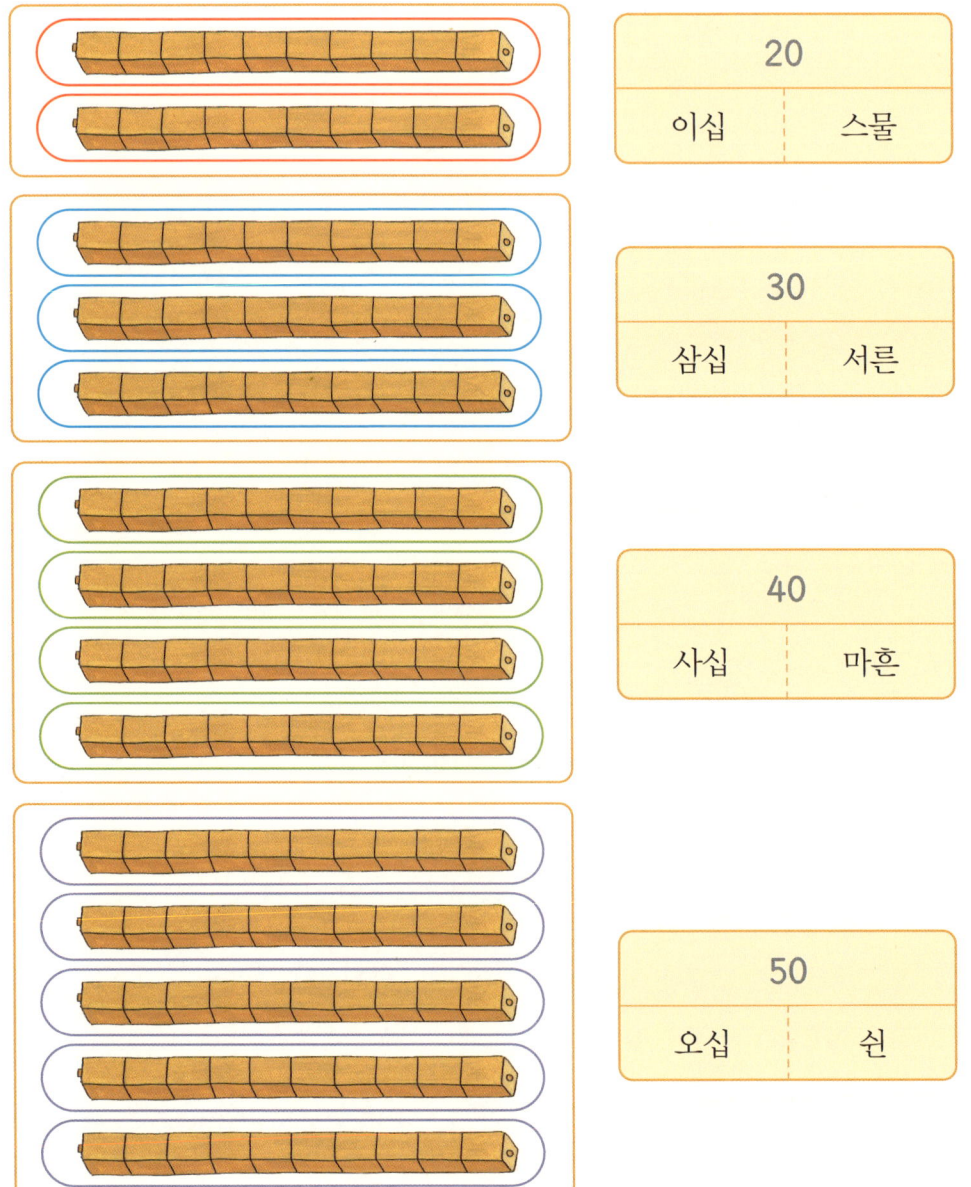

생각열기 수돌이는 잠시 바다 속에서 나와 해안가 모래사장에서 낮잠을 자고 싶어졌어요. 알을 깨고 나온 아기거북들이 바다를 향해 열심히 기어가고 있는 모습이 보여요. 수돌이는 보이는 것만 보면 모두 세고 싶은지 귀여운 아기거북들이 몇 마리인지 세기 시작했어요.

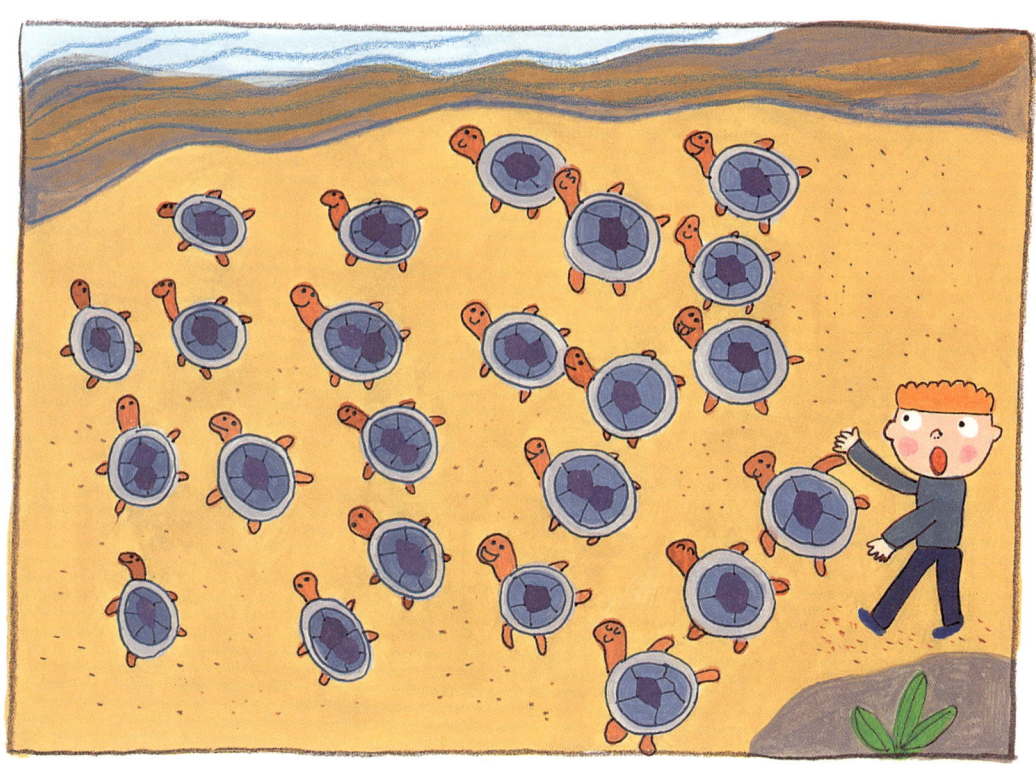

23	
이십삼	스물셋

약속하기

10개씩 2묶음과 낱개 3개를 23이라고 합니다.
23은 이십삼 또는 스물셋이라고 읽습니다.

아기거북을 10마리씩 묶어 보니 10마리씩 2묶음과 3마리 네.

활동 3 달콤한 낮잠을 잔 수돌이는 바다 속 친구를 더 만나 보고 싶었어요. 다시 바다 속 여행을 떠나 오징어와 가리비, 불가사리 친구들을 만났어요.

🐙 바다 속 친구들의 숫자를 쓰고 두 가지 방법으로 세어 볼까요?

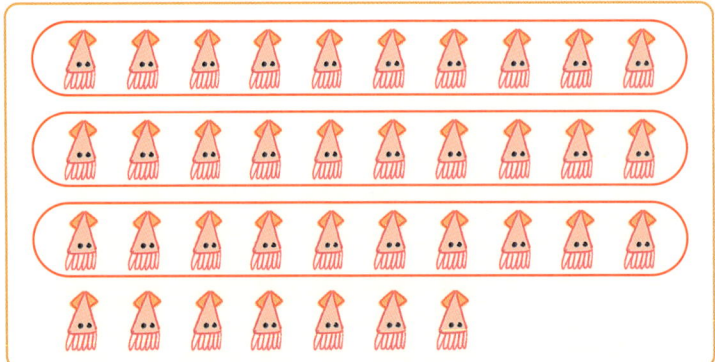

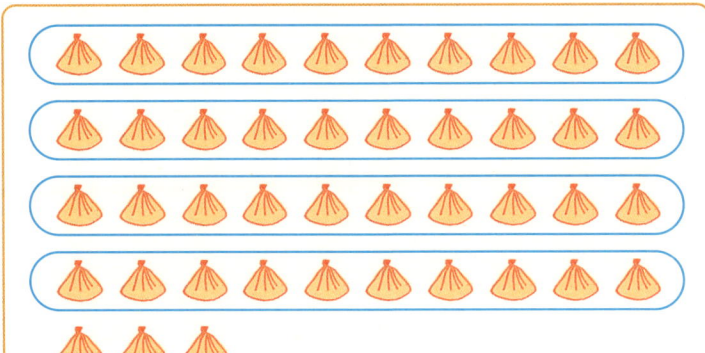

쏙쏙 수를 세면서 수의 구조를 생각해 보는 습관이 중요해요. 예를 들어 32를 10개씩 묶어 보면 10묶음이 3개, 낱개 2개예요. 10묶음이 3개이면 30이고 낱개 2개가 더해서 32가 되는 거예요.

마무리

익히기 문제

1 관계 있는 것끼리 선으로 이으시오.

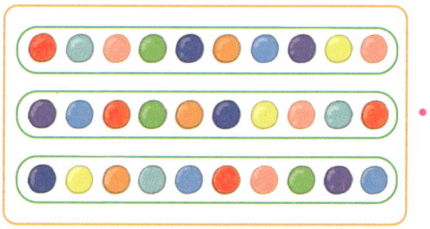 ·  · 서른

·  · 쉰

2 낱개 18개를 10묶음으로 묶으면 남은 낱개는 몇 개입니까?

☐ 개

정답 1 30, 서른 2 8

50까지 수의 순서를 알 수 있어요

생각 열기 바다 속 열대어 마을을 찾아가는 동안 수돌이는 50까지의 수를 순서대로 세면서 노래를 불렀어요. 또, 50부터 1까지 거꾸로도 세면서 노래를 불렀어요. 수를 너무 좋아하는 수돌이는 수를 흥얼거리는 것만으로도 행복했어요.

활동 1 저 멀리 열대어 친구 노랑이와 하늘이 집이 보여요. 친구들의 집에 놀러 가기 위해서는 순서에 알맞은 수를 알아야만 해요.

23부터 차례로 수를 읽어 보면 노랑이네 집에 갈 수 있어요.

$$23 - 24 - 25 - 26 - 27 - 28$$

18부터 차례로 수를 읽어 보면 하늘이네 집에 갈 수 있어요.

$$18 - 19 - 20 - 21 - 22 - 23$$

💬 24-25-26의 수를 보고 수의 순서를 알아볼까요?

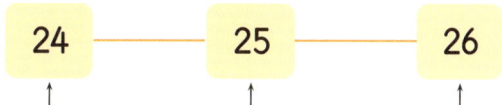

25 바로 앞의 수   24와 26 사이의 수   25 바로 뒤의 수

25보다 1 작은 수는 25 바로 앞의 수인 24 예요.

25보다 1 큰 수는 25 바로 뒤의 수인 26 예요.

활동 2 노랑이와 하늘이는 수돌이에게 우체국 앞에 있는 편지통에 가서 편지를 가져다 달라고 부탁했어요. 노랑이 편지통은 18번이고 하늘이 편지통은 22번이에요. 편지통에는 1부터 50까지의 수들이 쓰여 있어요.

🗨️ 노랑이와 하늘이 편지통은 각각 몇 번과 몇 번 사이에 있을까요?

노랑이의 편지통 18번은 17번과 19번 사이에 있고, 하늘이의 편지통 22번은 21번과 23번 사이에 있어요.

🗨️ 노랑이와 하늘이의 편지통 사이에 있는 편지통의 번호는 몇 번일까요?

노랑이의 편지통은 18번, 하늘이 편지통은 22번이니 18번과 22번 사이에 있는 편지통은 19번, 20번, 21번이에요.

쏙쏙 수를 순서대로 쓸 때 오른쪽으로 갈수록 1씩 커지고, 왼쪽으로 갈수록 1씩 작아진답니다.

익히기문제

1 순서에 맞게 빈칸에 알맞은 수를 써넣으시오.

24 — ☐ — 26

19 — ☐ — 21

14 — ☐ — 16 — ☐ — 18

☐ — 45 — ☐ — 47

2 공에 쓰인 수가 큰 순서대로 놓으시오.

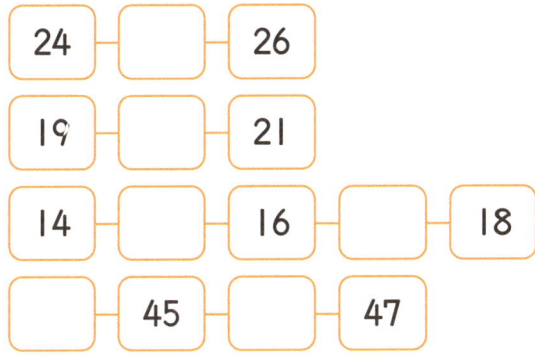

두 수의 크기를 비교할 수 있어요

생각 열기 열대어 마을의 놀이터에는 재미있는 놀이 기구가 많아요. 노랑이와 하늘이 친구들이 신나게 헤엄을 치며 놀고 있어요.
수돌이는 헤엄치는 노랑이와 하늘이 친구들 중 어느 물고기 친구들이 더 많은지 궁금했어요.

활동 1 수돌이는 노랑이와 하늘이 친구들의 수를 세어 보기로 했어요.

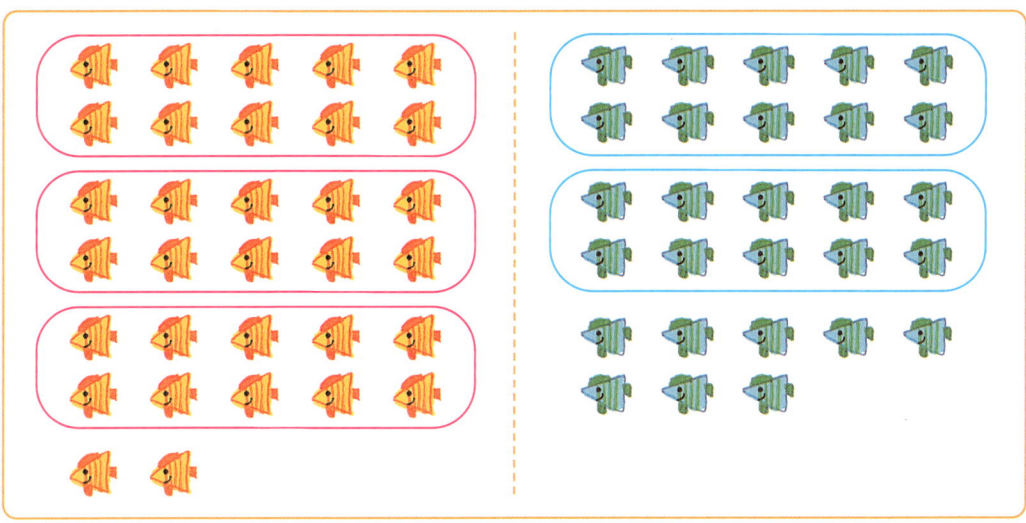

10개씩 묶어 보니, 노랑이 친구들은 10마리씩 3묶음과 2마리이므로 32마리예요.

하늘이 친구들은 10마리씩 2묶음과 8마리이므로 28마리예요.

노랑이와 하늘이 친구들 중 누가 더 많을까요?

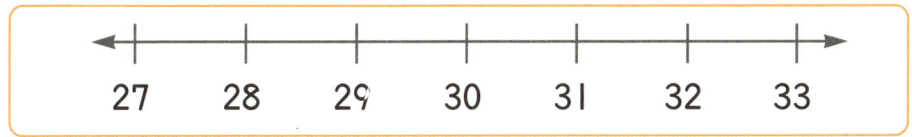

수직선에 나타내어 보면 32는 28 보다 뒤에 있는 수이기 때문에 32 가 더 큰 수예요.

10개씩 묶음의 수를 비교해 보는 방법도 있어요.

28은 10개씩 묶음의 수가 2 개, 32는 10개씩 묶음의 수가 3 개예요.

10개씩 묶음의 수가 큰 쪽이 큰 수이므로 32는 28보다 큰 수예요.

따라서 노랑이 친구들이 더 많아요.

약속하기
32는 28보다 큽니다.
28은 32보다 작습니다.

활동 2 놀이터에는 잠깐 쉬고 싶어 하는 친구들을 위해 조개 의자가 **27**개, 산호초 침대가 **23**개 있어요. 수돌이는 조개 의자와 산호초 침대 중 어떤 것이 더 많은지 궁금했어요. 그래서 **27**과 **23** 중 어떤 수가 더 큰 수인지 두 수의 크기를 비교해 보려고 해요. 수돌이와 함께 수의 크기를 비교하는 방법을 알아볼까요?

🗨 먼저, **27**과 **23**을 그림으로 나타내어 볼까요?

| 27 | ✝✝✝✝ ✝✝✝✝ ✝✝✝✝ ✝✝✝✝ ✝✝✝✝ // |
| 23 | ✝✝✝✝ ✝✝✝✝ ✝✝✝✝ ✝✝✝✝ /// |

○나 △ 등 내가 원하는 모양으로 나타내면 돼.

🗨 이번에는 연결 큐브를 사용해 나타내어 볼까요?

10개씩 묶음의 수가 같네. 이럴 땐 낱개의 수를 비교해야 해.

🗨 숫자 카드로도 나타내어 볼까요?

| 27 | 10 10 1 1 1 1 1 1 1 |
| 23 | 10 10 1 1 1 |

27과 **23**중 더 큰 수는 **27** 이에요. 따라서 조개 의자가 산호초 침대보다 더 많이 있어요. **27**은 **23**보다 큰 수이고, **23**은 **27**보다 작은 수라고 할 수 있지요.

쏙쏙 두 수의 크기를 비교할 때 먼저 10개씩 묶음의 수를 비교해야 해요. 이때, 10개씩 묶음의 수가 큰 수가 더 큽니다. ⇨ 21 < 45
그런데 10개씩 묶음의 수가 같으면, 낱개의 수가 더 큰 수가 큽니다. ⇨ 36 > 31

익히기 문제

1 두 수를 비교하여 큰 수에 ○표 하시오.

| 13 | 30 |

| 46 | 35 |

| 21 | 18 |

2 두 수를 비교하여 작은 수에 △표 하시오.

| 34 | 22 |

| 27 | 40 |

| 34 | 35 |

3 알맞은 말에 ○표 하시오.

45는 32보다 (큽니다, 작습니다).

24는 29보다 (큽니다, 작습니다).

정답 **1** 30 / 46 / 21   **2** 22 / 27 / 34   **3** 큽니다 / 작습니다

짝수와 홀수를 알 수 있어요

생각 열기 수돌이는 펭귄 친구들이 보고 싶었어요. 펭귄 친구들은 어디에 있을까요? 수돌이가 있는 바다 속에는 펭귄 친구들이 보이지 않았어요.
수돌이는 바다거북 할아버지에게 펭귄이 있는 곳을 물었어요. 할아버지는 펭귄은 저기 먼 남극에 있다고 알려 주었어요.
수돌이는 펭귄 친구들을 찾아 남극으로 떠났어요. 저기 펭귄 친구들이 보여요. 펭귄 친구들은 모두 몇일까요?

활동 1 펭귄 친구들은 모두 9마리예요. 펭귄 친구들은 둘씩 짝을 지어 가위바위보 놀이를 하려고 해요.

🗨 둘씩 짝을 지을 수 있을까요?

	펭귄 수	짝을 지을 수 있어요
1	🐧	✕
2	🐧🐧	◯
3	🐧🐧 🐧	✕
4	🐧🐧 🐧🐧	◯
5	🐧🐧 🐧🐧 🐧	✕
6	🐧🐧 🐧🐧 🐧🐧	◯
7	🐧🐧 🐧🐧 🐧🐧 🐧	✕
8	🐧🐧 🐧🐧 🐧🐧 🐧🐧	◯
9	🐧🐧 🐧🐧 🐧🐧 🐧🐧 🐧	✕

펭귄 9마리가 둘씩 짝을 짓고 나면 １ 마리가 남아요. 수돌이는 나머지 １ 마리 펭귄과 같이 짝이 되어 가위바위보 놀이를 했어요.

2, 4, 6과 같이 둘씩 짝을 지을 수 있는 수가 짝수 예요. 1, 3, 5와 같이 둘씩 짝을 지을 수 없는 수가 홀수 예요.
짝수에서 '짝'은 '짝을 지을 수 있는'의 '짝'입니다. 홀수의 '홀'은 '짝을 지을 수 없는'이라는 뜻입니다. 따라서 홀수는 짝을 짓고 남는 수가 생겨요.

약속하기
2, 4, 6, 8, 10…과 같은 수를 짝수라고 합니다. 1, 3, 5, 7, 9…와 같은 수를 홀수라고 합니다.

활동 2 수돌이는 짝수와 홀수를 새로 알게 되었어요. 그래서 20보다 작은 짝수와 20보다 작은 홀수를 더 알아보기로 했어요.

3 2 15 6 7 8 9
5 4   12   17 11
   1 14 10 18 16 13 19

| 20보다 작은 짝수 | 2, 4, 6, 8, 10, 12, 14, 16, 18 | ⇨ 모두 9개 |

| 20보다 작은 홀수 | 1, 3, 5, 7, 9, 11, 13, 15, 17, 19 | ⇨ 모두 10개 |

💬 짝수들의 공통점은 무엇일까요?
짝수는 10개씩 묶고 난 후, 낱개가 [0], 2, 4, [6], 8개 있어요.

💬 홀수들의 공통점은 무엇일까요?
홀수는 10개씩 묶고 난 후, 낱개가 [1], 3, [5], 7, 9개 있어요.

쏙쏙 24는 10개씩 2묶음과 낱개 4개예요. 따라서 10개씩 묶은 수는 짝수이기 때문에 낱개만 세어 보면 짝수인지 홀수인지 쉽게 알 수 있어요.

1부터 50까지의 수 중에서 파란색 수는 홀수, 보라색 수는 짝수예요.

1	2	3	4	5	6	7	8	9	10
11	12	13	14	15	16	17	18	19	20
21	22	23	24	25	26	27	28	29	30
31	32	33	34	35	36	37	38	39	40
41	42	43	44	45	45	47	48	49	50

교과서 126~155쪽 | 익힘책 126~143쪽

마무리

익히기 문제

1 10보다 작은 짝수를 모두 써 보시오.

□ - □ - □ - □

> 창의 수학! 구슬이나 동전을 이용해서 짝수인지 홀수인지 예상하고 맞추는 놀이를 해 봐요. 재미있는 놀이를 하면서 짝수와 홀수를 익힐 수 있답니다.

2 사과가 몇 개 있는지 세어 보고, 알맞은 것에 ○표 하시오.

🍎🍎🍎	홀수 / 짝수	🍎🍎🍎🍎🍎	홀수 / 짝수
🍎🍎🍎 🍎🍎🍎	짝수 / 홀수	🍎🍎🍎 🍎🍎🍎🍎	홀수 / 짝수

정답 **1** 2, 4, 6, 8 **2** 홀수 / 짝수 / 짝수 / 홀수

문제를 풀어 봅시다

01 10개가 되도록 그려 보시오.

02 나는 어떤 수입니까?

- 나는 연결 큐브로 나타내면   입니다.
- 나는 10개씩 1묶음과 낱개 5개입니다.

03 수 배열표의 빈칸에 알맞은 수를 써넣으시오.

1	2	3	4	5	6	7	8		10
11	12	13		15	16	17	18	19	20
	22	23	24	25	26		28	29	
31		33	34	35		37			40
41	42	43	44	45	46	47	48	49	

04 숫자로 나타내어 보시오.

스물여덟 ⇨ ☐   삼십삼 ⇨ ☐

05 나무에 쓰여 있는 숫자를 보고 가장 큰 수에 ○표 하시오.

06 동화책을 순서대로 정리했습니다. 다음 대화를 완성해 보시오.

29번 책 다음에는 ☐ 번 책이 옵니다.

35번 책은 ☐ 번 책과 ☐ 번 책 사이에 꽂아야 합니다.

40번 책과 43번 책 사이에는 ☐ 번 책과 ☐ 번 책을 꽂아야 합니다.

07 그림을 보고 수가 가장 많은 물건에 ○표 하시오.

 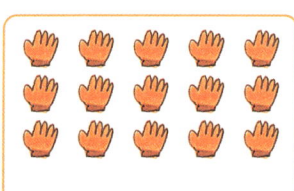 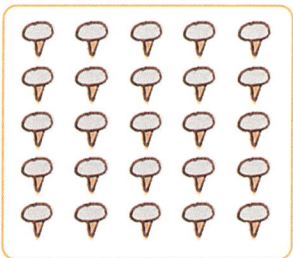

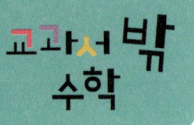  

징검다리 건너기

수돌이는 기나긴 여행을 마치고 집으로 돌아가려고 해요. 집으로 돌아가려면 다음 문제를 풀어 수를 알아맞혀야 해요. 그러고는 그 숫자가 적힌 움직이지 않는 네 개의 돌을 밟아야 한대요. 우리 함께 네 개의 돌을 찾아봐요.

🗨 나는 어떤 수일까요?

1) 난 11과 13 사이의 수야. ➡ ☐

2) 난 10개씩 2묶음과 낱개 8개를 나타내는 수야. ➡ ☐

3) 난 36 앞의 수야. ➡ ☐

4) 난 42와 45 사이의 수이면서 홀수야. ➡ ☐

잘못해서 다른 돌을 밟으면 시냇물에 빠지게 돼.

🗨 수돌이가 밟아야 하는 돌을 순서대로 쓰시오.

☐ ➡ ☐ ➡ ☐ ➡ ☐

정답 12 / 28 / 35 / 43 / 12, 28, 35, 43

옛날 사람들의 수 세기

돌쇠는 양치기 소년이에요. 돌쇠가 지키는 양은 모두 8마리였어요. 그러나 돌쇠는 양이 모두 8마리라는 것을 알 수 없었어요. 한 마리, 두 마리, 세 마리, 네 마리, 다섯 마리, 여섯 마리, 일곱 마리, 여덟 마리! 이렇게 헤아릴 줄을 몰랐지요.

하지만 아침에 들판에 양을 풀어 놓았다가 다시 저녁 때 양들을 우리 속으로 넣을 때 양 8마리를 모두 우리 속에 넣을 수 있었답니다.

돌쇠는 어떤 방법을 사용하여 우리 속에 양들을 다 넣을 수 있었을까요?

우선 양들이 우리에서 1마리씩 나갈 때마다 주머니에 돌멩이 1개씩을 넣었어요. 그리고 다시 저녁이 되어 양 1마리씩 우리 속으로 들어갈 때는 주머니에서 돌멩이 1개씩 꺼냈습니다. 돌쇠는 이런 방법으로 수를 헤아려 양들을 잃어버리지 않고 지킬 수 있었답니다.

돌쇠는 '돌멩이 하나에 동물 한 마리'라고 표현하여 동물의 수를 비교하였답니다.

또 옛날 사람들은 손가락이나 발가락을 이용하여 물건의 개수를 세었어요. 그러나 개수가 많으면 손가락이나 발가락을 이용하여 세는 것이 불편했기 때문에 짐승의 뼈나 나무에 금을 그어 개수를 표시하기도 하였답니다.

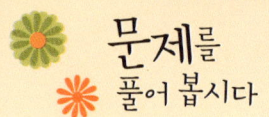 

48쪽 | 1. 9까지의 수

01
첫째 – 1 – 수박
둘째 – 2 – 배
셋째 – 3 – 사과
넷째 – 4 – 바나나
다섯째 – 5 – 귤

02 3, 5 / 5, 7

03 여덟 ○○○○○○○○
여덟째 ○○○○○○○●

04 5 / 2 / 4

05 3, 5, 6, 8, 9

06 7 / 3, 4 / 3

68쪽 | 2. 여러 가지 모양

01 🎂, 🛢, 🛢 / 🎁, ⬛, 🚪 / ⚽, 🔵, 🔵

02 🛢

03 ⬛

04 6, 4, 2

05 5

112쪽 | 3. 덧셈과 뺄셈

01 ○○○

02 8

03 3, 4, 7

04 7, 3, 4

05 3, 2, 5, 2, 3, 5

06 5+□ = 9 / 4

07 6−□ = 3 / 3

138쪽 | 4. 비교하기

01 무겁습니다

02 ㉠, ㉢, ㉡

03 예) 세 그릇에 같은 양의 물을 부었습니다. ㉠ 그릇에 물이 가장 많이 들어가고, ㉡ 그릇에 물이 가장 적게 들어갑니다.

04 넓습니다, 수첩, 공책

05 범준

06 수민, 현주, 서연

170쪽 | 5. 50까지의 수

01 ☐☐☐☐☐☐☐☐

02 15

03 9 / 14 / 21, 27, 30 / 32, 36, 38, 39 / 50

04 28 / 33

05 45

06 30, 34, 36, 41, 42

07 세 번째 압정